Montaje, mantenimiento y optimización de equipos

Miguel Ángel Torres Pardo

© Miguel Ángel Torres Pardo

© Derechos de edición:
Nau Llibres
Periodista Badía 10. 46010 Valencia. Tel.: 96 360 33 36
E-mail: nau@naullibres.com - web: www.naullibres.com

Diseño de portada e interiores: Ilustración de cubierta:
　　Artes Digitales Nau Llibres　　　　@ronstik

Imágenes e ilustraciones:
　　Pág. 17 @tomeqs   Pág. 133 @nikkytok
　　Pág. 25 @vtorous   Pág. 149 @billiondigital
　　Pág. 41 @soerensch   Pág. 169 @sergpetd
　　Pág. 55 @Plus69   Pág. 179 @joasouza
　　Pág. 69 @sto-noname@yandex.ru   Pág. 189 @kmiragaya
　　Pág. 83 @norgallery   Pág. 199 @saknakorn
　　Pág. 97 @simpson33

Imprime:
　　Podiprint. Impreso en España. Printed in Spain.

ISBN13: 978-84-19755-56-8
Depósito Legal: V- 792 - 2025

"Omnia mutantur, nihil interit"
Todo cambia, nada perece

Índice

Prólogo

Desde que era un niño, siempre me ha fascinado el mundo de la tecnología. Recuerdo con claridad la primera vez que desarmé un ordenador viejo en un intento de entender cómo funcionaba por dentro. Cada componente, cada cable y cada pieza parecía un misterio esperando ser descifrado. Con el tiempo, esta curiosidad infantil se convirtió en una pasión y, más tarde, en mi carrera profesional. Este libro nace de esa pasión y del deseo de compartir con otros el conocimiento sobre los sistemas informáticos y su funcionamiento interno.

En estas páginas, abordaremos desde los conceptos básicos hasta aspectos más avanzados sobre hardware, lógica digital y arquitecturas computacionales. Cada capítulo ha sido diseñado para proporcionar una visión clara y estructurada del fascinante mundo de la informática. Desde la representación de la información y los sistemas de numeración hasta el montaje y mantenimiento de un ordenador, este libro busca ser una guía tanto para principiantes como para aquellos que deseen profundizar en la materia.

Uno de los grandes objetivos de esta obra es hacer accesible el conocimiento técnico sin perder de vista su aplicabilidad en el mundo real. A lo largo del libro, encontrarás ejemplos prácticos, ejercicios resueltos y explicaciones detalladas que te ayudarán a comprender los temas de una manera sencilla y efectiva.

Espero que este libro sea para ti una herramienta útil y una fuente de inspiración. Que despierte en ti la misma curiosidad y entusiasmo que me ha acompañado a lo largo de los años. Porque, al final del día, la informática no solo se trata de códigos y circuitos, sino de la capacidad de crear, innovar y transformar el mundo a través del conocimiento.

Capítulo 1.

Sistema informático. Representación de la información

1.1. Elementos de un sistema informático (SI)

Un sistema informático (SI) es un conjunto de componentes interrelacionados que trabajan juntos para procesar datos y producir información. Los elementos principales de un sistema informático incluyen:

- Hardware: Comprende los componentes físicos de un sistema informático. Incluye:
- Unidad Central de Procesamiento (CPU): El cerebro del ordenador que realiza cálculos y ejecuta instrucciones.
- Memoria: Almacena datos e instrucciones temporales y permanentes.
- Memoria RAM: Memoria volátil utilizada para el almacenamiento temporal de datos.
- Memoria ROM: Memoria no volátil que almacena el firmware del sistema.
- Dispositivos de Entrada/Salida (E/S): Permiten la interacción del usuario con el sistema informático, como el teclado, ratón, impresoras y monitores.
- Almacenamiento: Dispositivos que almacenan datos de manera permanente, como discos duros y unidades de estado sólido (SSD).
- Software: Conjunto de programas y aplicaciones que permiten el funcionamiento del hardware y la ejecución de tareas específicas. Se divide en:
- Software de Sistema: Incluye el sistema operativo (SO) y otros programas que gestionan los recursos del hardware.
- Software de Aplicación: Programas diseñados para realizar tareas específicas para el usuario, como pro-

cesadores de texto, hojas de cálculo y navegadores web.

- Datos: La materia prima que se procesa para generar información útil. Los datos pueden ser numéricos, alfanuméricos, gráficos, entre otros.
- Usuarios: Personas que interactúan con el sistema informático para realizar diversas tareas. Los usuarios pueden ser operadores, administradores de sistemas, desarrolladores de software, etc.
- Redes: Conexiones que permiten la comunicación entre diferentes sistemas informáticos. Las redes facilitan el intercambio de datos y recursos entre computadoras.

1.2. Representación de la información

1.2.1. Sistema posicional. Base

Un sistema numérico posicional es aquel en el que el valor de un dígito depende de su posición dentro del número. Cada posición tiene un valor que es una potencia de la base del sistema. La base es el número de dígitos diferentes que el sistema utiliza.

Ejemplo:

En el sistema decimal (base 10), el número 345 significa:
[3 × 10^2 + 4 × 10^1 + 5 × 10^0]

1.2.2. Decimal

El sistema decimal utiliza la base 10, con dígitos del 0 al 9. Es el sistema numérico más comúnmente utilizado en la vida diaria.

Ejemplo:

El número 128 en decimal es simplemente 128.

1.2.3. Binario. Octal. Hexadecimal

Binario

El sistema binario (base 2) utiliza solo los dígitos 0 y 1. Es fundamental en la informática porque los computadores funcionan internamente con dos estados (apagado y encendido).

Ejemplo:

El número binario 1011 representa:

$$[1 \times 2^3 + 0 \times 2^2 + 1 \times 2^1 + 1 \times 2^0 = 11]$$

Octal

El sistema octal (base 8) utiliza dígitos del 0 al 7. Es una representación compacta del binario, ya que tres dígitos binarios corresponden a un dígito octal.

Ejemplo:

El número octal 57 representa:

$$[5 \times 8^1 + 7 \times 8^0 = 47]$$

Hexadecimal

El sistema hexadecimal (base 16) utiliza dígitos del 0 al 9 y las letras A, B, C, D, E, y F para representar los valores del 10 al 15.

Ejemplo:

El número hexadecimal 2F representa:

[2 × 16^1 + F × 16^0 = 2 × 16 + 15 = 47]

1.2.4. Conversión entre bases

Decimal a Binario

Para convertir un número decimal a binario, se divide el número por 2 y se registran los restos.

Ejemplo:

Convertir 13 a binario:

[13 ÷ 2 = 6 resto 1]
[6 ÷ 2 = 3 resto 0]
[3 ÷ 2 = 1 resto 1]
[1 ÷ 2 = 0 resto 1]
El número binario es 1101.

Binario a Decimal

Para convertir un número binario a decimal, se multiplican los dígitos por sus respectivas potencias de 2 y se suman.

Ejemplo:

El número binario 1101 representa:

[1 × 2^3 + 1 × 2^2 + 0 × 2^1 + 1 × 2^0 = 13]

Ejercicio Resuelto:

Convertir 1011 binario a decimal.

[1 × 2^3 + 0 × 2^2 + 1 × 2^1 + 1 × 2^0 = 8 + 0 + 2 + 1 = 11]

I.2.5. Operaciones binarias básicas

Suma binaria

La suma binaria sigue reglas similares a la suma decimal pero con solo dos dígitos (0 y 1).

Ejemplo:

```
  1011
+1101
---------
11000
```

Multiplicación binaria

La multiplicación binaria también sigue reglas similares a la multiplicación decimal.

Ejemplo:

```
  101
×11
-------
  101
101
-------
1111
```

I.2.6. Representación interna de la información

Números naturales

Los números naturales se representan directamente en binario.

Ejemplo:

El número 5 en binario es 101.

Números enteros

Los números enteros pueden ser positivos o negativos. En binario, los números negativos se representan usando el complemento a 1 o complemento a 2.

Complemento a 1

El complemento a 1 de un número binario se obtiene invirtiendo todos los bits.

Ejemplo:
El complemento a 1 de 1010 es 0101.

Complemento a 2

El complemento a 2 se obtiene sumando 1 al complemento a 1 del número.

Ejemplo:
El complemento a 2 de 1010 es:
[0101 + 1 = 0110]

Ejercicio Resuelto:
Encontrar el complemento a 2 de 1001.
1. Complemento a 1 de 1001 es 0110.
2. Sumar 1: 0110 + 1 = 0111.

 Representación de datos alfanuméricos

EBCDIC

EBCDIC (Extended Binary Coded Decimal Interchange Code) es un código de 8 bits usado en sistemas IBM.

▮▮▮▮▮ ASCII

ASCII (American Standard Code for Information Interchange) es un código de 7 bits que representa caracteres alfanuméricos y de control.

▮▮▮▮▮ Unicode

Unicode es un estándar que utiliza diferentes esquemas de codificación, como UTF-8, UTF-16 y UTF-32, para representar prácticamente todos los caracteres utilizados en el mundo.

Ejercicio Resuelto:

Convertir el carácter 'A' a binario en ASCII.

'A' en ASCII es 65.

65 en binario es 01000001.

▮▮▮▮ Medidas de la información

La cantidad de información se mide en bits y bytes. Un byte equivale a 8 bits. Las unidades más grandes se basan en múltiplos de 1024.

Ejemplo:

- 1 Kilobyte (KB) = 1024 Bytes
- 1 Megabyte (MB) = 1024 KB
- 1 Gigabyte (GB) = 1024 MB

Ejercicio Resuelto:

Convertir 2048 bytes a kilobytes.

[2048 ÷ 1024 = 2 KB]

Capítulo 2.

Introducción a la lógica: puertas y circuitos lógicos

2.1. Introducción a la lógica digital

La lógica digital es la base fundamental de la informática moderna. Es un sistema que utiliza valores discretos para representar y manipular información. A diferencia de la lógica analógica, que puede tomar cualquier valor dentro de un rango continuo, la lógica digital se basa en dos estados bien definidos: 0 y 1. Estos valores representan los estados lógicos "falso" y "verdadero", o "apagado" y "encendido", respectivamente.

En la lógica digital, se utilizan componentes electrónicos llamados puertas lógicas para implementar funciones booleanas. Las puertas lógicas son bloques fundamentales que toman una o más entradas binarias y producen una salida binaria en función de una regla lógica predefinida.

2.1.1. Conceptos básicos

- **Bit**: El bit es la unidad básica de información en la lógica digital. Es un dígito binario que puede tener un valor de 0 o 1.
- **Byte**: Un byte consiste en 8 bits y es la cantidad mínima de datos que los ordenadores suelen manipular.
- **Sistema Binario**: El sistema binario es un sistema numérico que utiliza solo dos dígitos, 0 y 1. En la lógica digital, todos los cálculos y operaciones se realizan utilizando este sistema.

2.1.2. Álgebra Booleana

El álgebra booleana es la rama de las matemáticas que se utiliza para analizar y simplificar las operaciones lógicas. Fue desarrollada por George Boole en el siglo XIX y es fundamental en el diseño de circuitos lógicos. En el álgebra booleana, los valores lógicos (0 y 1) se combinan mediante operaciones como AND, OR y NOT.

- **AND (Y)**: La operación AND devuelve 1 solo si todas sus entradas son 1. Matemáticamente, se denota como A * B.
- **OR (O)**: La operación OR devuelve 1 si al menos una de sus entradas es 1. Se denota como A + B.
- **NOT (NO)**: La operación NOT invierte el valor de su entrada, es decir, convierte 1 en 0 y 0 en 1. Se denota como ¬A o A'.

Estas operaciones se pueden combinar para formar expresiones booleanas más complejas que representan el comportamiento de circuitos lógicos.

2.2. Puertas lógicas básicas

Las puertas lógicas son los bloques fundamentales que realizan operaciones booleanas en los circuitos digitales. A continuación, se describen las puertas lógicas básicas que se encuentran en la mayoría de los circuitos digitales.

2.2.1. Puerta AND

La puerta AND realiza la operación lógica AND. Solo produce una salida de 1 cuando todas sus entradas son 1. Si alguna de las entradas es 0, la salida será 0. Esto puede representarse con la siguiente tabla de verdad:

Entrada A	Entrada B	Salida
0	0	0
0	1	0
1	0	0
1	1	1

En un circuito digital, la puerta AND se representa comúnmente como un rectángulo con un símbolo de multiplicación (·) entre las entradas.

2.2.2. Puerta OR

La puerta OR realiza la operación lógica OR. Produce una salida de 1 si al menos una de sus entradas es 1. La salida solo será 0 cuando todas las entradas sean 0. La tabla de verdad para una puerta OR es la siguiente:

Entrada A	Entrada B	Salida
0	0	0
0	1	1
1	0	1
1	1	1

La puerta OR se representa en diagramas de circuitos como un rectángulo con un símbolo de suma (+) entre las entradas.

2.2.3. Puerta NOT

La puerta NOT realiza la operación lógica de negación o inversión. Esta puerta tiene una sola entrada y una salida. Si la entrada es 1, la salida será 0, y viceversa. La tabla de verdad para una puerta NOT es la siguiente:

Entrada	Salida
0	1
1	0

La puerta NOT se representa en los diagramas de circuitos como un triángulo con un círculo en la punta, indicando la inversión.

2.3. Puertas lógicas compuestas

Además de las puertas lógicas básicas, existen puertas compuestas que combinan las funciones de las puertas AND, OR y NOT. Estas puertas son útiles para simplificar los circuitos lógicos y reducir el número de componentes necesarios.

2.3.1. Puerta NAND

La puerta NAND es la combinación de una puerta AND seguida de una puerta NOT. Produce una salida de 0 solo si todas sus entradas son 1. La tabla de verdad para una puerta NAND es la siguiente:

Entrada A	Entrada B	Salida
0	0	1
0	1	1
1	0	1
1	1	0

La puerta NAND es una de las puertas más utilizadas en la electrónica digital porque cualquier otra puerta lógica puede ser implementada usando solo puertas NAND, lo que simplifica el diseño de circuitos complejos.

2.3.2. Puerta NOR

La puerta NOR es la combinación de una puerta OR seguida de una puerta NOT. Produce una salida de 1 solo cuando todas sus entradas son 0. La tabla de verdad para una puerta NOR es la siguiente:

Entrada A	Entrada B	Salida
0	0	1
0	1	0
1	0	0
1	1	0

Al igual que la puerta NAND, la puerta NOR es fundamental porque se puede usar para implementar cualquier otro tipo de puerta lógica.

2.3.3. Puerta XOR (o exclusivo)

La puerta XOR realiza la operación de "O Exclusivo". Esta puerta produce una salida de 1 solo si las entradas son diferentes; es decir, si una es 0 y la otra es 1. La tabla de verdad para una puerta XOR es:

Entrada A	Entrada B	Salida
0	0	0
0	1	1
1	0	1
1	1	0

La puerta XOR es útil en operaciones aritméticas digitales y en circuitos que requieren la detección de desigualdades.

2.3.4. Puerta XNOR (o exclusivo negado)

La puerta XNOR es la inversa de la puerta XOR. Produce una salida de 1 solo si las entradas son iguales. La tabla de verdad para una puerta XNOR es la siguiente:

Entrada A	Entrada B	Salida
0	0	1
0	1	0
1	0	0
1	1	1

La puerta XNOR es especialmente útil en circuitos de comparación y verificación de paridad.

2.4. Simplificación de circuitos lógicos

El diseño de circuitos lógicos puede volverse complejo a medida que se añaden más puertas. Por lo tanto, es esencial simplificar los circuitos lógicos para reducir el número de componentes y mejorar la eficiencia del diseño.

2.4.1. Mapas de Karnaugh

Los mapas de Karnaugh son una herramienta gráfica utilizada para simplificar expresiones booleanas. Facilitan la identificación de términos comunes y la eliminación de redundancias en las expresiones lógicas.

• **Cómo Funciona**: Un mapa de Karnaugh organiza las combinaciones de entradas posibles en una tabla que facilita la visualización de los términos que pueden agruparse. Cada celda del mapa representa una combinación única de entradas y su correspondiente valor de salida.

- **Agrupación de Unos**: Los unos en el mapa representan los casos donde la salida es 1.   Al agrupar estos unos en potencias de dos (1, 2, 4, 8, etc.), se pueden simplificar las expresiones booleanas eliminando términos redundantes.

2.4.2. Leyes del Álgebra Booleana

El álgebra booleana tiene varias leyes que se pueden usar para simplificar expresiones lógicas"":

- Ley de la Idempotencia:
$$A \wedge A = A \text{ y } A \vee A = A$$
- Ley de la Involución:
$$\neg(\neg A) = A$$
- Ley de la Conmutación:
$$A \wedge B = B \wedge A \text{ y } A \vee B = B \vee A$$

Estas leyes permiten reescribir y simplificar expresiones booleanas sin cambiar su comportamiento lógico.

2.5. Diseño de circuitos combinacionales

Los circuitos combinacionales son circuitos lógicos cuyos valores de salida dependen únicamente de los valores actuales de las entradas, sin memoria de estados previos.

2.5.1. Sumadores y restadores

Los sumadores y restadores son circuitos combinacionales fundamentales utilizados en operaciones aritméticas dentro de las computadoras.

- **Sumador Medio**: Un sumador medio es un circuito que suma dos bits de entrada y produce una suma y un acarreo. La salida de la suma es el resultado de la operación XOR de las entradas, mientras que el acarreo se produce mediante una operación AND.

- **Sumador Completo**: Un sumador completo toma en cuenta un tercer bit de entrada (el acarreo entrante) además de los dos bits que se están sumando. La salida incluye una suma y un acarreo, lo que permite que varios sumadores completos se conecten en cascada para sumar números binarios de varios bits.

- **Restador Completo**: Similar al sumador, un restador completo realiza la operación de resta entre dos bits, considerando un bit de acarreo entrante (prestatario). Los restadores son fundamentales en unidades aritméticas y lógicas (ALU) dentro de las CPUs.

2.5.2. Multiplexores y demultiplexores

Los multiplexores y demultiplexores son circuitos que permiten seleccionar entre múltiples señales de entrada o distribuir una señal de entrada a múltiples salidas.

- **Multiplexor**: Un multiplexor (MUX) toma varias señales de entrada y, utilizando líneas de selección, elige una de ellas para pasarla a la salida. Es útil en aplicaciones donde se necesita elegir entre diferentes fuentes de datos.

- **Demultiplexor**: Un demultiplexor (DEMUX) hace lo opuesto, tomando una señal de entrada y dirigiéndola a una de varias salidas posibles. Los demultiplexores son útiles en sistemas de comunicación y redes, donde se necesita dirigir datos a diferentes canales.

2.5.3. Codificadores y decodificadores

Los codificadores y decodificadores son circuitos combinacionales que realizan la conversión de datos entre diferentes formatos de código.

- **Codificador**: Un codificador toma una entrada activa entre varias posibles y genera una salida de código binario correspondiente. Por ejemplo, un codificador de 8 a 3 tomará 8 líneas de entrada y producirá una salida de 3 bits que representa la entrada activa.
- **Decodificador**: Un decodificador realiza la operación inversa de un codificador, convirtiendo un código binario en una salida de línea correspondiente. Se utilizan comúnmente en la activación de dispositivos específicos en respuesta a una dirección binaria.

2.6. Aplicaciones prácticas de circuitos lógicos

La lógica digital y los circuitos lógicos tienen aplicaciones prácticas en una variedad de campos, desde la electrónica de consumo hasta los sistemas de control industrial.

En los **sistemas de control**, los circuitos lógicos se utilizan para automatizar procesos industriales y gestionar el funcionamiento de maquinaria. Los controladores lógicos programables (PLC) son un ejemplo de cómo se aplican los circuitos lógicos en la industria para realizar tareas específicas basadas en entradas y condiciones lógicas.

Los **dispositivos electrónicos de consumo**, como televisores, reproductores de DVD, y teléfonos móviles, dependen de circuitos lógicos para su funcionamiento. Los microprocesadores dentro de estos dispositivos son esencialmente una colección compleja de circuitos lógicos que realizan operaciones y toman decisiones basadas en entradas de usuario y datos.

En las **comunicaciones digitales,** los circuitos lógicos se utilizan para codificar, decodificar y encriptar datos, asegurando que la información se transmita de manera eficiente y segura entre dispositivos.

2.7. Ejercicios resueltos

Ejercicio I: simplificación de una expresión lógica

Simplificar la siguiente expresión utilizando álgebra booleana:

$$A \cdot (B + \overline{C}) + \overline{A} \cdot (B + C)$$

Solución:

1. Aplicamos la Ley Distributiva

$$(A \cdot B) + (A \cdot \overline{C}) + (\overline{A} \cdot B) + (\overline{A} \cdot C)$$

2. Aplicamos la Ley de Absorción:

$$A + \overline{A} = 1 \colon B \cdot (A + \overline{A}) + A \cdot \overline{C} + \overline{A} \cdot C$$

3. Simplificamos usando la Ley del Complemento

$$B + A \cdot \overline{C} + \overline{A} \cdot C$$

La expresión simplificada es:

$$B + (A \cdot \overline{C}) + (\overline{A} \cdot C)$$

Ejercicio 2: diseño de un sumador completo

Diseñar un circuito sumador completo utilizando puertas lógicas básicas.

Solución:

Un sumador completo tiene tres entradas (A, B, y C_in) y dos salidas (Suma y C_out). La Suma se calcula usando la puerta XOR para las entradas A, B, y C_in. La salida de acarreo C_out se calcula usando una combinación de puertas AND y OR.

1. Sumador Completo:

- Suma= $A \oplus B \oplus C_{in}$
- C_out= $(A \cdot B) + (C_{in} \cdot (A \oplus B))$

El circuito resultante incluye tres puertas XOR, dos puertas AND y una puerta OR.

Ejercicio 3: tabla de verdad de un circuito combinacional

Problema: Dado el siguiente circuito combinacional, formado por las puertas lógicas AND, OR y NOT, construye la tabla de verdad. El circuito tiene dos entradas, A y B, y la salida es Z.

$$Z = (A \cdot B) + \overline{A}$$

Solución:

Para resolver este problema, seguiremos estos pasos:

1. Calcula la salida de A·B para cada combinación de A y B.

2. Calcula la salida de $\overline{A}$ para cada valor de A.

3. Combina los resultados utilizando la operación OR para obtener la salida Z.

Tabla de Verdad:

A	B	$A{\cdot}B$	$\overline{A}$	$Z{=}(A{\cdot}B){+}\overline{A}$
0	0	0	1	1
0	1	0	1	1
1	0	0	0	0
1	1	1	0	1

Explicación:

- Cuando $A = 0$ y $B = 0$, $A{\cdot}B = 0$ y $\overline{A} = 1$, por lo tanto, $Z = 0 + 1 = 1$.

- Cuando $A = 0$ y $B = 1$, $A{\cdot}B = 0$ y $\overline{A} = 1$, por lo tanto, $Z = 0 + 1 = 1$.

- Cuando $A = 1$ y $B = 0$, $A{\cdot}B = 0$ y $\overline{A} = 0$, por lo tanto, $Z = 0 + 0 = 0$.

- Cuando $A = 1$ y $B = 1$, $A{\cdot}B = 1$ y $\overline{A} = 0$, por lo tanto, $Z = 1 + 0 = 1$.

Ejercicio 4: simplificación de una expresión lógica usando mapas de Karnaugh

Problema: Simplifica la siguiente expresión booleana utilizando un mapa de Karnaugh:

$$Z = A{\cdot}\overline{B}{\cdot}C + A{\cdot}B{\cdot}\overline{C} + A{\cdot}B{\cdot}C$$

Solución:

1. **Construcción del Mapa de Karnaugh:** Un mapa de Karnaugh para tres variables (A, B, C) tiene 8 celdas. Colocamos un 1 en las celdas correspondientes a cada minitérmino de la expresión.

AB \ C	00	01	11	10
00	0	0	0	0
01	0	1	0	0
11	0	0	1	1
10	0	0	0	0

2. **Agrupación de Unos en el Mapa de Karnaugh:**
   - Podemos agrupar los unos en el mapa para simplificar la expresión.
   - Aquí, los minitérminos se agrupan en dos bloques: uno que abarca
   $$A \cdot B \cdot \overline{C} \text{ y } A \cdot B \cdot C$$
   y otro que incluye
   $$A \cdot \overline{B} \cdot C$$
3. **Expresión Simplificada:**
   - Después de la simplificación, obtenemos:
   $$Z = A \cdot (B + \overline{B}) \cdot C + A \cdot B \cdot \overline{C}$$
   - Simplificando aún más:
   $$Z = A \cdot C + A \cdot B \cdot \overline{C}$$
   La expresión simplificada es $Z = A \cdot C + A \cdot B \cdot \overline{C}$

2.8. Conclusión

La lógica digital es un componente esencial de la tecnología moderna, y su comprensión es fundamental para cualquiera que estudie o trabaje en campos relacionados con la informática y la electrónica. Desde las puertas lógicas básicas hasta los circuitos combinacionales complejos, la lógica digital permite la creación de sistemas que pueden procesar información de manera rápida y eficiente.

A través de la práctica y la aplicación de estos conceptos, los estudiantes pueden desarrollar una base sólida en la lógica digital, preparándolos para futuros estudios y carreras en tecnología.

Capítulo 3.

Modelo Von Neumann.
Historia de los
computadores

3.1. Arquitectura Von Neumann

La arquitectura de Von Neumann es un modelo de diseño para una computadora digital que describe una unidad de procesamiento central (CPU), una memoria que contiene tanto datos como instrucciones, dispositivos de entrada y salida, y una unidad de control que dirige el flujo de datos entre estos componentes. Fue propuesto por John von Neumann en 1945 y ha sido la base de la mayoría de las computadoras desde entonces.

3.1.1. Principios de la arquitectura Von Neumann

La arquitectura de Von Neumann se basa en los siguientes principios:

- Uso de una sola memoria: Tanto las instrucciones del programa como los datos se almacenan en la misma memoria.
- Secuencialidad: Las instrucciones se ejecutan de manera secuencial, a menos que una instrucción de salto altere el flujo.
- Unidad de Control: Una unidad de control lee las instrucciones de la memoria y las ejecuta.
- Unidad Aritmética-Lógica (ALU): Realiza operaciones aritméticas y lógicas.
- Entrada y Salida: Mecanismos para introducir datos en la memoria y extraer resultados.

3.1.2. Diagrama de la arquitectura Von Neumann

En la siguiente figura se muestra un diagrama de la arquitectura Von Neumann, destacando los componentes principales y sus interacciones.

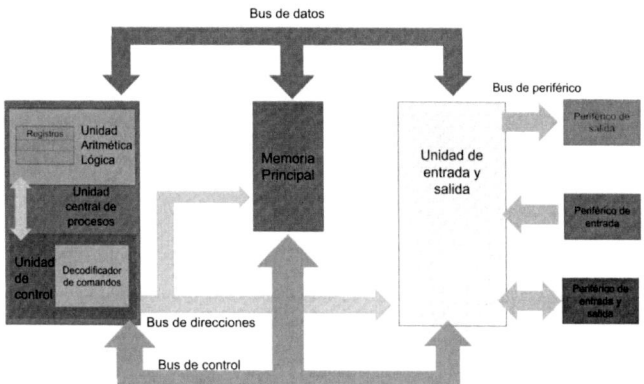

3.1.3. Ventajas y desventajas de la arquitectura Von Neumann

Ventajas:

- Simplicidad y Flexibilidad: La arquitectura es simple y flexible, lo que facilita el diseño y la construcción de computadores.
- Uso de Programas Almacenados: Permite almacenar programas y datos en la misma memoria, facilitando el acceso y modificación de las instrucciones.
- Economía: Al utilizar la misma memoria para datos e instrucciones, se reduce el costo y la complejidad del hardware.

Desventajas:

- Cuello de Botella de Von Neumann: La separación entre la CPU y la memoria puede generar un cuello de botella, limitando la velocidad de procesamiento.
- Vulnerabilidad a Errores de Software: Al usar la misma memoria para datos e instrucciones, es más fácil que errores de software afecten el funcionamiento del sistema.

3.2. Componentes básicos de un ordenador actual

Los ordenadores modernos, aunque más avanzados, todavía siguen el modelo básico de la arquitectura Von Neumann. A continuación, se describen los componentes principales de un ordenador actual.

3.2.1. Unidad central de procesamiento (CPU)

La CPU es el cerebro del ordenador, responsable de ejecutar instrucciones y procesar datos. Se compone de:

- Unidad de Control: Gestiona y coordina todas las operaciones del ordenador.
- Unidad Aritmética-Lógica (ALU): Realiza operaciones matemáticas y lógicas.
- Registros: Pequeñas unidades de almacenamiento dentro de la CPU para datos temporales y direcciones.

3.2.2. Memoria

Existen varios tipos de memoria en un ordenador:

- Memoria RAM (Random Access Memory): Almacena datos e instrucciones temporalmente mientras se ejecutan programas. Es volátil, lo que significa que su contenido se pierde cuando se apaga el ordenador.
- Memoria ROM (Read-Only Memory): Contiene instrucciones y datos que no cambian y son esenciales para el arranque del sistema. Es no volátil, por lo que su contenido se conserva aunque se apague el ordenador.
- Memoria Caché: Memoria de alta velocidad que almacena datos frecuentemente usados para un acceso rápido, mejorando la eficiencia del sistema.

3.2.3. Dispositivos de entrada y salida

Permiten la interacción del ordenador con el mundo exterior:

- Dispositivos de Entrada: Teclados, ratones, escáneres, micrófonos, cámaras, etc.
- Dispositivos de Salida: Monitores, impresoras, altavoces, proyectores, etc.

3.2.4. Almacenamiento

- Discos Duros (HDD) y Unidades de Estado Sólido (SSD): Utilizados para el almacenamiento a largo plazo de datos y programas.
- Unidades Ópticas: CD, DVD, Blu-Ray.
- Dispositivos de Almacenamiento Externo: USB, discos externos.

3.2.5. Placa base

Es el circuito principal que conecta todos los componentes del ordenador. Incluye:

- Conexiones y puertos: Para dispositivos internos y externos.
- BIOS/UEFI: Software de arranque y configuración del sistema.

3.2.6. Fuente de alimentación

Suministra energía a todos los componentes del ordenador.

3.2.7. Tarjetas de expansión

Permiten añadir funcionalidades adicionales al ordenador, como tarjetas gráficas, tarjetas de sonido, tarjetas de red, etc.

3.2.8. Sistemas de enfriamiento

Mantienen la temperatura de los componentes del ordenador dentro de límites seguros, utilizando ventiladores, disipadores de calor, y sistemas de enfriamiento líquido.

3.3. Historia de los ordenadores

La historia de los ordenadores es una fascinante evolución desde simples dispositivos mecánicos hasta complejas máquinas digitales. A continuación, se presenta un resumen de los hitos más importantes en la evolución de los ordenadores.

3.3.1. Primeras computadoras

- Ábaco: Uno de los primeros dispositivos de cálculo manual.
- Máquinas de Pascal y Leibniz: Primeras calculadoras mecánicas en el siglo XVII.
- Máquina Analítica de Babbage: Diseño de una computadora mecánica programable en el siglo XIX.
- Máquina de Turing: Concepto teórico de una máquina que puede simular cualquier algoritmo computacional.

3.3.2. Primera generación (1940-1956)

- ENIAC (Electronic Numerical Integrator and Computer): Primera computadora electrónica de propósito general.
- UNIVAC (Universal Automatic Computer): Primera computadora comercial.

3.3.3. Segunda generación (1956-1963)

- Transistores: Reemplazan los tubos de vacío, haciendo las computadoras más rápidas y fiables.
- Lenguajes de Programación de Alto Nivel: Como FORTRAN y COBOL.

3.3.4. Tercera generación (1964-1971)

- Circuitos Integrados: Incrementan la capacidad y reducen el tamaño de las computadoras.
- Sistemas Operativos Multiprogramación: Permiten ejecutar múltiples programas al mismo tiempo.

3.3.5. Cuarta generación (1971-Presente)

- Microprocesadores: Integran la CPU en un solo chip, dando lugar a las computadoras personales (PC).
- Redes de Computadoras: Conexión de computadoras a través de redes locales y globales (Internet).

3.3.6. Quinta generación y más allá

- Inteligencia Artificial: Sistemas que pueden aprender y tomar decisiones.
- Computación Cuántica: Uso de principios cuánticos para realizar cálculos complejos a velocidades inigualables.
- Computación en la Nube: Almacenamiento y procesamiento de datos en servidores remotos accesibles a través de Internet.

3.4. Ejercicios resueltos

Ejercicio I: explicar las diferencias entre memoria RAM y ROM.

Respuesta:

• Memoria RAM: Es una memoria de acceso aleatorio que se utiliza para almacenar datos e instrucciones de manera temporal mientras el ordenador está encendido. Es volátil, lo que significa que pierde su contenido cuando se apaga el ordenador.

• Memoria ROM: Es una memoria de solo lectura que contiene datos e instrucciones que no cambian y son esenciales para el arranque del sistema. Es no volátil, lo que significa que retiene su contenido incluso cuando el ordenador está apagado.

Ejercicio 2: describir la evolución de las computadoras desde la primera hasta la cuarta generación.

Respuesta:

• Primera Generación (1940-1956): Uso de tubos de vacío, grandes y costosas, programadas con lenguaje de máquina.

• Segunda Generación (1956-1963): Uso de transistores, más rápidas y fiables, introducción de lenguajes de programación de alto nivel.

• Tercera Generación (1964-1971): Uso de circuitos integrados, introducción de sistemas operativos multiprogramación.

• Cuarta Generación (1971-Presente): Uso de microprocesadores, desarrollo de computadoras personales y redes de computadoras.

 Ejercicio 3: dibujar y explicar un diagrama de la arquitectura Von Neumann.

Respuesta:

El diagrama muestra los componentes principales de la arquitectura Von Neumann: CPU (Unidad de Control y ALU), Memoria, Dispositivos de Entrada y Salida. La CPU obtiene instrucciones de la memoria, las ejecuta utilizando la ALU y envía/recibe datos a/desde los dispositivos de entrada y salida.

 Ejercicio 4: comparar las ventajas y desventajas de la arquitectura Von Neumann con la arquitectura Harvard.

Respuesta:
- Ventajas de la arquitectura Von Neumann:
- Simplicidad y flexibilidad en el diseño.
- Menor costo debido al uso de una sola memoria.
- Desventajas de la arquitectura Von Neumann:
- Cuello de botella de Von Neumann.
- Mayor vulnerabilidad a errores de software.
- Ventajas de la arquitectura Harvard:
- Separación de memoria para datos e instrucciones reduce el cuello de botella.
- Mejora la seguridad al separar datos de instrucciones.
- Desventajas de la arquitectura Harvard:
- Mayor complejidad y costo de diseño.
- Menos flexibilidad para cambiar el tamaño de la memoria de datos e instrucciones.

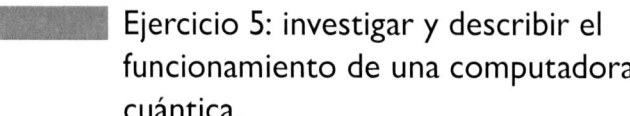 Ejercicio 5: investigar y describir el funcionamiento de una computadora cuántica.

Respuesta:

Una computadora cuántica utiliza principios de la mecánica cuántica para realizar cálculos. Emplea qubits en lugar de bits, permitiendo representar múltiples estados simultáneamente. Esto permite realizar ciertos cálculos mucho más rápido que las computadoras clásicas. Los qubits pueden entrelazarse y superponerse, lo que es aprovechado en algoritmos cuánticos como el algoritmo de Shor para la factorización de números grandes y el algoritmo de Grover para la búsqueda en bases de datos no ordenadas.

Ejercicio 6: describir cómo funciona la memoria caché y su importancia en el rendimiento del sistema.

Respuesta:

La memoria caché es una memoria de alta velocidad que almacena datos frecuentemente usados por la CPU. Al hacerlo, reduce el tiempo que la CPU necesita para acceder a la memoria principal (RAM), mejorando significativamente el rendimiento del sistema. La caché está más cerca de la CPU y puede ser L1, L2 o L3, dependiendo de su proximidad y velocidad.

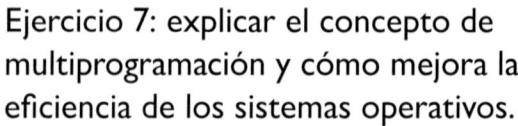 **Ejercicio 7: explicar el concepto de multiprogramación y cómo mejora la eficiencia de los sistemas operativos.**

Respuesta:

La multiprogramación es una técnica que permite que múltiples programas se carguen en la memoria y se ejecuten simultáneamente. El sistema operativo gestiona la ejecución de estos programas, asignando tiempo de CPU a cada uno según un algoritmo de planificación. Esto mejora la eficiencia del sistema al mantener la CPU ocupada y minimizar el tiempo de inactividad.

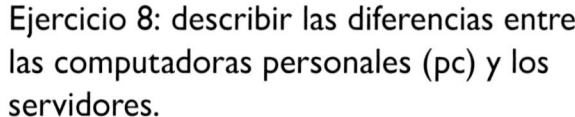 **Ejercicio 8: describir las diferencias entre las computadoras personales (pc) y los servidores.**

Respuesta:
- Computadoras Personales (PC):
- Diseñadas para uso individual.
- Enfocadas en tareas generales como navegación web, ofimática y entretenimiento.
- Menor capacidad de procesamiento y almacenamiento en comparación con los servidores.
- Servidores:
- Diseñados para manejar múltiples conexiones y tareas simultáneas.
- Utilizados en entornos empresariales para alojar aplicaciones, bases de datos y servicios web.
- Mayor capacidad de procesamiento, memoria y almacenamiento, así como redundancia y tolerancia a fallos.

Ejercicio 9: investigar y explicar cómo ha evolucionado el almacenamiento desde los discos duros hasta la computación en la nube.

Respuesta:

- Discos Duros (HDD): Primeros dispositivos de almacenamiento masivo, basados en platos magnéticos giratorios. Ofrecen gran capacidad a bajo costo, pero son más lentos y propensos a fallos mecánicos.
- Unidades de Estado Sólido (SSD): Utilizan memoria flash para almacenar datos, sin partes móviles. Son mucho más rápidas y duraderas que los HDD, aunque más costosas por gigabyte.
- Almacenamiento en la Nube: Permite almacenar datos en servidores remotos accesibles a través de Internet. Ofrece escalabilidad, redundancia y acceso desde cualquier lugar, reduciendo la necesidad de almacenamiento local.

Ejercicio 10: explicar el impacto de la inteligencia artificial en el desarrollo de nuevas generaciones de computadoras.

Respuesta:

La inteligencia artificial (IA) ha revolucionado el desarrollo de nuevas generaciones de computadoras. Los sistemas basados en IA pueden aprender, adaptarse y tomar decisiones, mejorando la eficiencia y capacidad de los ordenadores. La IA ha llevado al desarrollo de hardware especializado, como unidades de procesamiento gráfico (GPU) y unidades de procesamiento tensorial (TPU), optimizadas para tareas de aprendizaje profundo y procesamiento paralelo.

Capítulo 4.

La placa base

4.1. La placa base

La placa base, también conocida como motherboard o mainboard, es el componente principal de un ordenador. Es una placa de circuito impreso que alberga y conecta todos los componentes esenciales del sistema, permitiendo que se comuniquen entre sí. Actúa como la columna vertebral de un ordenador, soportando el CPU, la memoria, los dispositivos de almacenamiento y otros periféricos.

4.1.1. Factores de forma

Los factores de forma de una placa base se refieren a las dimensiones físicas, la disposición de los componentes y los conectores, y el diseño general de la placa base. Estos factores de forma son cruciales para garantizar la compatibilidad con el chasis del ordenador y otros componentes del sistema. A continuación, se describen los factores de forma más comunes:

ATX (Advanced Technology eXtended)

El factor de forma ATX es uno de los más comunes y estándar en el mercado de computadoras de escritorio. Fue desarrollado por Intel en 1995 y ofrece una amplia compatibilidad y flexibilidad para la instalación de componentes. Sus características principales son:

- Dimensiones: 305 mm x 244 mm (12 pulgadas x 9.6 pulgadas).
- Ranuras de expansión: Generalmente tiene siete ranuras de expansión.
- Conectores de energía: Utiliza un conector de 24 pines para la alimentación principal y un conector adicional de 4 u 8 pines para la CPU.

• Aplicaciones: Ideal para sistemas de alto rendimiento y servidores debido a su capacidad para admitir múltiples tarjetas de expansión y otros componentes.

Micro-ATX

El factor de forma Micro-ATX es una versión reducida del ATX, diseñado para ofrecer una opción más compacta sin sacrificar demasiado la capacidad de expansión. Fue introducido en 1997 y es adecuado para configuraciones de gama media a alta. Sus características incluyen:

• Dimensiones: 244 mm x 244 mm (9.6 pulgadas x 9.6 pulgadas).

• Ranuras de expansión: Generalmente tiene cuatro ranuras de expansión.

• Conectores de energía: Utiliza el mismo tipo de conector de energía que las placas ATX.

• Aplicaciones: Ideal para computadoras de escritorio compactas que requieren menos ranuras de expansión pero aún ofrecen una buena capacidad de actualización.

Mini-ITX

El factor de forma Mini-ITX es aún más pequeño y fue desarrollado por VIA Technologies en 2001. Está diseñado para sistemas de bajo consumo y aplicaciones donde el espacio es limitado, como HTPC (Home Theater PC) y sistemas embebidos. Sus características son:

• Dimensiones: 170 mm x 170 mm (6.7 pulgadas x 6.7 pulgadas).

• Ranuras de expansión: Generalmente tiene una ranura de expansión PCIe.

- Conectores de energía: Utiliza los mismos conectores de energía estándar que las placas ATX y Micro-ATX.
- Aplicaciones: Perfecto para sistemas compactos y de bajo consumo donde el espacio y la eficiencia energética son cruciales.

E-ATX (Extended ATX)

El factor de forma E-ATX es una versión más grande del ATX, diseñado para sistemas de alto rendimiento que requieren más ranuras de expansión y características avanzadas. Es común en estaciones de trabajo y servidores de alto rendimiento. Sus características incluyen:

- Dimensiones: 305 mm x 330 mm (12 pulgadas x 13 pulgadas).
- Ranuras de expansión: Puede tener hasta ocho ranuras de expansión.
- Conectores de energía: Utiliza un conector de 24 pines para la alimentación principal y un conector adicional de 8 pines o más para la CPU.
- Aplicaciones: Ideal para sistemas que requieren una gran capacidad de expansión, como estaciones de trabajo profesionales y servidores de alto rendimiento.

Otros factores de forma

Existen otros factores de forma menos comunes pero importantes en ciertos nichos del mercado:

- Nano-ITX: Más pequeño que el Mini-ITX, con dimensiones de 120 mm x 120 mm (4.7 pulgadas x 4.7 pulgadas). Utilizado en aplicaciones embebidas y sistemas ultra-compactos.
- Pico-ITX: Aún más pequeño, con dimensiones de 100 mm x 72 mm (3.9 pulgadas x 2.8 pulgadas). También

utilizado en aplicaciones embebidas donde el tamaño es una limitación crítica.

Cada uno de estos factores de forma tiene sus propias ventajas y desventajas, y la elección del factor de forma adecuado depende de las necesidades específicas del usuario, el tipo de sistema que se está construyendo y las limitaciones de espacio.

4.1.2. **Componentes de una placa base**

Una placa base contiene varios componentes críticos que permiten el funcionamiento de un ordenador. Cada uno de estos componentes tiene una función específica y es esencial para el rendimiento del sistema.

Socket del microprocesador

El socket del microprocesador es el conector donde se instala el CPU. Este componente es crucial ya que determina la compatibilidad del procesador con la placa base. Existen diferentes tipos de sockets según el fabricante y el modelo del procesador, como LGA (Land Grid Array) de Intel y AM4 de AMD. El socket proporciona una conexión segura y estable para el procesador, asegurando una transferencia de datos rápida y eficiente entre el CPU y la placa base.

Ranuras de memoria

Las ranuras de memoria, también conocidas como DIMM (Dual Inline Memory Module), son los slots donde se instalan los módulos de RAM. La cantidad y tipo de ranuras pueden variar dependiendo del modelo de la placa base, permitiendo configuraciones de memoria de diferentes capacidades y velocidades. La RAM es esencial para el funcionamiento del ordenador, ya que almacena temporalmente los datos que el CPU necesita acceder rápidamente.

Chipset de control

El chipset de control es un conjunto de circuitos integrados que gestionan el flujo de datos entre el CPU, la memoria y los dispositivos periféricos. Los chipsets están divididos en dos partes principales:

- Northbridge: Gestiona las comunicaciones entre el CPU, la RAM y la tarjeta gráfica.
- Southbridge: Controla los dispositivos de almacenamiento, los puertos USB y otros periféricos.

El Northbridge y el Southbridge trabajan en conjunto para asegurar que los datos se transfieran de manera eficiente y rápida entre los diferentes componentes del sistema.

La BIOS

La BIOS (Basic Input/Output System) es un firmware que se encuentra en un chip ROM en la placa base. Es responsable de inicializar el hardware del sistema durante el arranque y proporcionar un entorno de ejecución para los sistemas operativos. La BIOS ha evolucionado hacia la UEFI (Unified Extensible Firmware Interface), que ofrece una interfaz más moderna y características avanzadas como soporte para discos duros grandes y una interfaz gráfica de usuario.

Memorias caché externas

Las memorias caché externas son memorias de alta velocidad que ayudan a reducir el tiempo de acceso a los datos utilizados con frecuencia por el CPU. Aunque la mayoría de las CPUs modernas tienen caché integrada, algunas placas base más antiguas pueden incluir caché externa. La caché actúa como un intermediario entre la RAM y el CPU, almacenando datos que el CPU necesita acceder rápidamente, mejorando significativamente el rendimiento del sistema.

Ranuras para tarjetas de expansión

Las ranuras para tarjetas de expansión permiten la instalación de tarjetas adicionales que amplían las capacidades del ordenador, como tarjetas gráficas, tarjetas de sonido, tarjetas de red, etc. Los tipos más comunes de ranuras son:

- PCI (Peripheral Component Interconnect): Un estándar más antiguo para tarjetas de expansión.
- PCIe (PCI Express): Un estándar moderno que ofrece mayores velocidades de transferencia y es utilizado por tarjetas gráficas y otras tarjetas de alto rendimiento.
- AGP (Accelerated Graphics Port): Utilizado en algunas placas base más antiguas específicamente para tarjetas gráficas.

Las ranuras de expansión permiten personalizar y mejorar el rendimiento del sistema añadiendo componentes adicionales según sea necesario.

Conectores externos

Los conectores externos están ubicados en el panel trasero de la placa base y permiten la conexión de periféricos como teclados, ratones, monitores, impresoras y dispositivos USB. Estos incluyen:

- Puertos USB: Para conectar dispositivos de almacenamiento externo, ratones, teclados y otros periféricos.
- Puertos de audio: Para conectar altavoces, auriculares y micrófonos.
- Puertos Ethernet: Para la conexión a redes cableadas.
- Puertos VGA/DVI/HDMI: Para la conexión de monitores y pantallas.

Conectores internos

Los conectores internos permiten la conexión de dispositivos internos como discos duros, unidades de estado sólido, y unidades ópticas. Incluyen:

- Conectores SATA (Serial ATA): Utilizados para conectar discos duros y unidades de estado sólido.
- Conectores M.2: Para unidades de estado sólido NVMe, que ofrecen velocidades de transferencia de datos mucho más rápidas que SATA.
- Conectores IDE: Utilizados en placas base más antiguas para discos duros y unidades ópticas.

Conectores eléctricos

Los conectores eléctricos son esenciales para suministrar energía a la placa base y a los componentes conectados. Los más comunes son:

- Conector ATX de 24 pines: Suministra energía a la placa base.

- Conectores de 4/8 pines para CPU: Suministran energía específicamente al procesador.
- Conectores Molex y SATA: Para suministrar energía a discos duros, unidades ópticas y otros periféricos.

Jumpers y conmutadores DIP

Los jumpers y conmutadores DIP (Dual In-line Package) se utilizan para configurar ciertos parámetros de hardware en la placa base, como la velocidad del bus o la configuración de la BIOS. Aunque su uso ha disminuido con el tiempo, todavía se encuentran en algunas placas base para configuraciones específicas. Los jumpers son pequeños conectores que se colocan en pines específicos para cerrar circuitos, mientras que los conmutadores DIP son pequeños interruptores que se pueden encender o apagar para establecer configuraciones de hardware.

Elementos integrados

Algunas placas base vienen con componentes integrados como tarjetas de sonido, tarjetas de red y controladores gráficos. Estos elementos eliminan la necesidad de tarjetas de expansión adicionales, reduciendo el costo y la complejidad del sistema. Por ejemplo, muchas placas base modernas incluyen controladores de red Ethernet y Wi-Fi integrados, así como controladores de audio de alta definición.

Interpretación de manuales

La interpretación de los manuales de la placa base es crucial para una correcta instalación y configuración del hardware. Los manuales proporcionan información detallada sobre los componentes, las conexiones y las configuraciones necesarias para optimizar el rendimiento del sistema. Es importante seguir las instrucciones del manual para evitar daños en los componentes y asegurar un funcionamiento correcto del sistema.

4.2. **Ejercicios resueltos**

Ejercicio I: identificar los componentes de una placa base ATX estándar.

Respuesta:

- Socket del microprocesador: Lugar donde se instala el CPU.
- Ranuras de memoria: Slots para instalar módulos de RAM.
- Chipset de control: Incluye Northbridge y Southbridge para gestionar el flujo de datos.
- BIOS/UEFI: Firmware para la inicialización del sistema.
- Ranuras de expansión: PCIe y PCI para tarjetas adicionales.
- Conectores externos: Puertos USB, audio, Ethernet, etc.
- Conectores internos: SATA, M.2 para dispositivos de almacenamiento.
- Conectores eléctricos: ATX de 24 pines y conectores de 4/8 pines para CPU.

Ejercicio 2: describir las diferencias entre los factores de forma ATX y Micro-ATX.

Respuesta:

- ATX (305 x 244 mm): Más grande, más ranuras de expansión, mayor número de conectores y características avanzadas.
- Micro-ATX (244 x 244 mm): Más pequeño, menos ranuras de expansión, ideal para sistemas compactos y más económicos.

Ejercicio 3: explicar la función de la BIOS y cómo ha evolucionado a la UEFI.

Respuesta:

- BIOS: Inicializa el hardware durante el arranque y proporciona un entorno de ejecución para los sistemas operativos.
- UEFI: Interfaz moderna con soporte para discos grandes, interfaz gráfica y características avanzadas como arranque seguro.

Ejercicio 4: diferenciar entre los conectores SATA y M.2.

Respuesta:

- SATA: Conector tradicional para discos duros y unidades ópticas, velocidad de transferencia más baja.
- M.2: Conector moderno para SSDs, mayor velocidad de transferencia y soporte para NVMe.

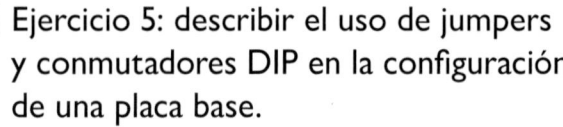 Ejercicio 5: describir el uso de jumpers y conmutadores DIP en la configuración de una placa base.

Respuesta:
- Jumpers: Pequeños conectores que configuran parámetros de hardware.
- Conmutadores DIP: Interruptores que permiten ajustes específicos, como la velocidad del bus.

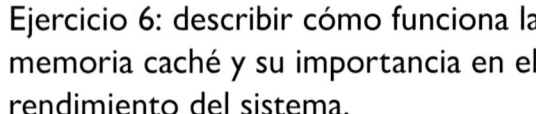 Ejercicio 6: describir cómo funciona la memoria caché y su importancia en el rendimiento del sistema.

Respuesta:
La memoria caché es una memoria de alta velocidad que almacena datos frecuentemente usados por la CPU. Al hacerlo, reduce el tiempo que la CPU necesita para acceder a la memoria principal (RAM), mejorando significativamente el rendimiento del sistema. La caché está más cerca de la CPU y puede ser L1, L2 o L3, dependiendo de su proximidad y velocidad.

 Ejercicio 7: explicar el concepto de multiprogramación y cómo mejora la eficiencia de los sistemas operativos.

Respuesta:
La multiprogramación es una técnica que permite que múltiples programas se carguen en la memoria y se ejecuten simultáneamente. El sistema operativo gestiona la ejecución de estos programas, asignando tiempo de CPU a cada uno según un algoritmo de planificación. Esto me-

jora la eficiencia del sistema al mantener la CPU ocupada y minimizar el tiempo de inactividad.

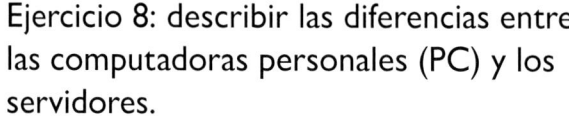 **Ejercicio 8: describir las diferencias entre las computadoras personales (PC) y los servidores.**

Respuesta:
- Computadoras Personales (PC):
- Diseñadas para uso individual.
- Enfocadas en tareas generales como navegación web, ofimática y entretenimiento.
- Menor capacidad de procesamiento y almacenamiento en comparación con los servidores.
- Servidores:
- Diseñados para manejar múltiples conexiones y tareas simultáneas.
- Utilizados en entornos empresariales para alojar aplicaciones, bases de datos y servicios web.
- Mayor capacidad de procesamiento, memoria y almacenamiento, así como redundancia y tolerancia a fallos.

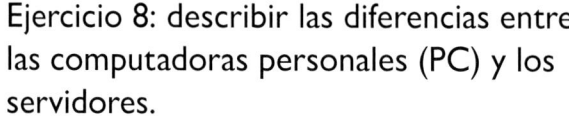 **Ejercicio 9: investigar y explicar cómo ha evolucionado el almacenamiento desde los discos duros hasta la computación en la nube.**

Respuesta:
- Discos Duros (HDD): Primeros dispositivos de almacenamiento masivo, basados en platos magnéticos giratorios. Ofrecen gran capacidad a bajo costo, pero son más lentos y propensos a fallos mecánicos.

- Unidades de Estado Sólido (SSD): Utilizan memoria flash para almacenar datos, sin partes móviles. Son mucho más rápidas y duraderas que los HDD, aunque más costosas por gigabyte.
- Almacenamiento en la Nube: Permite almacenar datos en servidores remotos accesibles a través de Internet. Ofrece escalabilidad, redundancia y acceso desde cualquier lugar, reduciendo la necesidad de almacenamiento local.

Ejercicio 10: explicar el impacto de la inteligencia artificial en el desarrollo de nuevas generaciones de computadoras.

Respuesta:

La inteligencia artificial (IA) ha revolucionado el desarrollo de nuevas generaciones de computadoras. Los sistemas basados en IA pueden aprender, adaptarse y tomar decisiones, mejorando la eficiencia y capacidad de los ordenadores. La IA ha llevado al desarrollo de hardware especializado, como unidades de procesamiento gráfico (GPU) y unidades de procesamiento tensorial (TPU), optimizadas para tareas de aprendizaje profundo y procesamiento paralelo.

Capítulo 5.

El microprocesador

5.1. Estructura de un microprocesador

El microprocesador, también conocido como la Unidad Central de Procesamiento (CPU), es el cerebro de un ordenador. Su principal función es ejecutar instrucciones y procesar datos. La estructura básica de un microprocesador incluye varios componentes clave que trabajan juntos para realizar estas tareas de manera eficiente.

Unidad de control (CU)

La Unidad de Control es responsable de interpretar las instrucciones del programa y convertirlas en señales de control que dirigen el funcionamiento de los demás componentes del procesador. Actúa como el cerebro del CPU, gestionando la secuencia de operaciones que deben realizarse. La CU se encarga de:

• Buscar las instrucciones desde la memoria.

• Decodificar las instrucciones para entender qué operación realizar.

• Ejecutar las instrucciones enviando señales a otros componentes.

Unidad aritmético-lógica (ALU)

La ALU es la parte del CPU que realiza operaciones aritméticas (como suma, resta, multiplicación y división) y lógicas (como AND, OR, NOT y XOR). Es crucial para el procesamiento de datos y ejecución de cálculos. La ALU trabaja en conjunto con los registros y la CU para realizar las operaciones necesarias.

Registros

Los registros son pequeñas unidades de almacenamiento rápido dentro del CPU que guardan datos temporales y direcciones durante la ejecución de instrucciones. Los tipos comunes de registros incluyen:

- Registros de datos: Almacenan datos que se están procesando.
- Registros de direcciones: Guardan las direcciones de memoria donde se encuentran los datos o las instrucciones.
- Registros de estado: Mantienen información sobre el estado actual del CPU, como el indicador de condición.

Bus de datos

El bus de datos es un canal de comunicación que transporta datos entre los distintos componentes del microprocesador. Es bidireccional, permitiendo tanto la lectura como la escritura de datos. La anchura del bus de datos (número de líneas que lo componen) influye en la cantidad de datos que pueden transferirse simultáneamente.

Bus de direcciones

El bus de direcciones transporta direcciones de memoria entre el CPU y otros componentes del sistema, como la memoria RAM y los dispositivos de entrada/salida. Es unidireccional y determina el rango de direcciones de memoria que el CPU puede acceder. La anchura del bus de direcciones define el tamaño máximo de la memoria direccionable.

Bus de control

El bus de control transmite señales de control y estado entre el CPU y otros componentes del sistema. Estas señales incluyen comandos de lectura/escritura, señales de interrupción y sincronización. El bus de control asegura que todas las partes del sistema trabajen en armonía.

5.2. Componentes internos de un microprocesador

Los componentes internos de un microprocesador son esenciales para su funcionamiento eficiente. Estos componentes incluyen:

Cache LI, L2 y L3

La memoria caché es una memoria de alta velocidad integrada en el microprocesador que almacena temporalmente los datos y las instrucciones más utilizados para un acceso rápido. Se divide en varios niveles:

- Cache L1: Integrada directamente en el núcleo del CPU, es la más rápida y pequeña.
- Cache L2: Más grande y ligeramente más lenta que L1, también se encuentra dentro del CPU.
- Cache L3: Compartida entre todos los núcleos de un CPU multicore, es más grande y lenta que L1 y L2.

Decodificador de instrucciones

El decodificador de instrucciones convierte las instrucciones del programa en señales que pueden ser interpretadas y ejecutadas por los componentes del microprocesador. Es esencial para la comprensión y ejecución correcta de las instrucciones del software.

Unidad de punto flotante (FPU)

La FPU realiza operaciones matemáticas en números de punto flotante, esenciales para aplicaciones científicas y gráficas. Permite al microprocesador manejar cálculos complejos de manera eficiente.

Prefetch Unit

La Prefetch Unit recupera instrucciones y datos de la memoria antes de que sean necesarios, mejorando el rendimiento mediante la reducción de latencias. Esto permite al microprocesador preparar datos e instrucciones con anticipación, optimizando la ejecución de tareas.

Pipeline

El pipeline es una técnica que permite la ejecución de múltiples instrucciones en diferentes etapas de procesamiento simultáneamente. Cada etapa del pipeline realiza una parte específica del procesamiento, lo que mejora significativamente el rendimiento del microprocesador.

5.3. Implementación RISC y CISC

Las arquitecturas RISC (Reduced Instruction Set Computer) y CISC (Complex Instruction Set Computer) representan dos enfoques diferentes en el diseño de microprocesadores.

RISC (Reduced Instruction Set Computer)

- Diseño: Utiliza un conjunto reducido de instrucciones simples y optimizadas para ejecutarse rápidamente.
- Ventajas: Mayor velocidad y eficiencia debido a la simplicidad de las instrucciones y a la capacidad de ejecutar más instrucciones por ciclo de reloj.
- Ejemplos: ARM, MIPS.

CISC (Complex Instruction Set Computer)

- Diseño: Utiliza un conjunto amplio de instrucciones complejas que pueden realizar tareas avanzadas en una sola instrucción.
- Ventajas: Puede reducir el número de instrucciones necesarias para realizar tareas complejas, simplificando la programación.
- Ejemplos: Intel x86, AMD.

5.4. Parámetros de funcionamiento de un microprocesador

Los parámetros de funcionamiento de un microprocesador determinan su rendimiento y capacidad. Estos parámetros incluyen:

Frecuencia de reloj

La frecuencia de reloj es la velocidad a la que el microprocesador ejecuta instrucciones, medida en GHz (gigahercios). Una mayor frecuencia de reloj generalmente indica un rendimiento más rápido, aunque no es el único factor que influye en el rendimiento general del sistema.

Número de núcleos

El número de núcleos se refiere a la cantidad de unidades de procesamiento independientes dentro del microprocesador. Los procesadores modernos pueden tener múltiples núcleos (dual-core, quad-core, octa-core), lo que permite la ejecución simultánea de múltiples tareas y mejora significativamente el rendimiento.

Cache

El tamaño de la memoria caché (L1, L2 y L3) influye en la velocidad de acceso a los datos. Una mayor cantidad de caché permite almacenar más datos e instrucciones cerca del CPU, reduciendo el tiempo de acceso y mejorando el rendimiento.

TDP (Thermal Design Power)

El TDP es la cantidad máxima de energía que el sistema de refrigeración del procesador necesita disipar. Indica la cantidad de calor generado por el CPU bajo carga máxima y es crucial para diseñar sistemas de refrigeración adecuados.

Arquitectura

La arquitectura del microprocesador (por ejemplo, x86, ARM) define su conjunto de instrucciones y diseño interno. Influye en la compatibilidad del software y el rendimiento general del sistema.

5.5. Conjunto de instrucciones: MMX, 3DNOW!, SSE, SSE2, SSE3, SSE4, Virtualización

El conjunto de instrucciones de un microprocesador define las operaciones que puede realizar. Algunos conjuntos de instrucciones importantes son:

MMX (MultiMedia eXtensions)

Introducido por Intel para mejorar el rendimiento multimedia mediante instrucciones específicas para operaciones de procesamiento de señal digital.

3DNOW!

Desarrollado por AMD para mejorar el rendimiento gráfico y multimedia.

SSE (Streaming SIMD Extensions)

Introducido por Intel, mejora el rendimiento en aplicaciones multimedia y de cálculo mediante el uso de instrucciones SIMD (Single Instruction, Multiple Data).

SSE2, SSE3, SSE4

Evoluciones del conjunto SSE que agregan más instrucciones y mejoran el rendimiento en diversas aplicaciones.

Virtualización

Instrucciones que permiten a un procesador ejecutar múltiples sistemas operativos y aplicaciones en máquinas virtuales separadas, mejorando la eficiencia y la seguridad.

5.6. El Mundo de los 64 Bits

La transición de 32 bits a 64 bits ha permitido mejoras significativas en el rendimiento y la capacidad de los microprocesadores. Los procesadores de 64 bits pueden manejar más memoria y realizar cálculos más complejos que sus contrapartes de 32 bits.

Dirección de memoria

Los procesadores de 64 bits pueden direccionar hasta 16 exabytes de memoria, mucho más que los 4 GB limitados por los procesadores de 32 bits.

Rendimiento

Los registros de 64 bits permiten operaciones aritméticas y lógicas más rápidas y eficientes.

Compatibilidad

Los sistemas operativos y aplicaciones deben estar diseñados para aprovechar las capacidades de 64 bits.

5.7. Memoria caché

La memoria caché es una memoria de alta velocidad integrada en el microprocesador que almacena temporalmente los datos y las instrucciones más utilizados para un acceso rápido. Se divide en varios niveles:

Cache L1. Integrada directamente en el núcleo del CPU, es la más rápida y pequeña.

Cache L2. Más grande y ligeramente más lenta que L1, también se encuentra dentro del CPU.

Cache L3. Compartida entre todos los núcleos de un CPU multicore, es más grande y lenta que L1 y L2.

5.8. Núcleos

Los núcleos son unidades de procesamiento independientes dentro de un microprocesador. Los procesadores modernos pueden tener múltiples núcleos (dual-core, quad-core, octa-core), lo que permite la ejecución simultánea de múltiples tareas y mejora significativamente el rendimiento.

5.9. Mejorando el rendimiento

Pipelining

El pipelining es una técnica que divide las instrucciones en varias etapas, permitiendo que múltiples instrucciones se procesen simultáneamente en diferentes etapas del pipeline.

Ejecución especulativa

Permite al procesador predecir el camino que tomará una instrucción condicional y comenzar a ejecutarla antes de que se confirme, mejorando la eficiencia.

HyperThreading

HyperThreading es una tecnología de Intel que permite a un solo núcleo de CPU ejecutar dos hilos de procesamiento simultáneamente, mejorando el rendimiento en aplicaciones multihilo.

Técnicas escalares

Las técnicas escalares optimizan la ejecución de múltiples instrucciones en paralelo dentro de un solo ciclo de reloj, mejorando el rendimiento del microprocesador.

5.10. Historia de los microprocesadores

Desde la creación del primer microprocesador, el Intel 4004 en 1971, los microprocesadores han evolucionado significativamente. Los hitos importantes incluyen:

Intel 8086. Introducido en 1978, estableció la arquitectura x86 y se convirtió en la base de muchos procesadores modernos.

Motorola 68000. Utilizado en computadoras Apple Macintosh originales y otros sistemas, destacó por su diseño avanzado y rendimiento.

Intel Pentium. Introducido en 1993, ofreció mejoras significativas en el rendimiento y la arquitectura, estableciendo un nuevo estándar en la industria.

AMD Athlon. Introducido en 1999, compitió con éxito con los procesadores de Intel, ofreciendo un alto rendimiento y características avanzadas.

5.11. Versiones para portátiles

Los microprocesadores para portátiles están diseñados para ser más eficientes en cuanto a energía y generar menos calor. Ejemplos incluyen:

Intel Core i3, i5, i7 Mobile. Diseñados para ofrecer un equilibrio entre rendimiento y eficiencia energética, estos procesadores son comunes en una amplia gama de portátiles.

AMD Ryzen Mobile. Proporciona rendimiento y eficiencia energética en portátiles de alta gama, compitiendo directamente con las soluciones de Intel.

5.12. Procesadores ARM y RISC-V

Los procesadores ARM y RISC-V representan arquitecturas alternativas a x86, enfocadas en eficiencia y flexibilidad. **ARM**, utilizado ampliamente en dispositivos móviles y embebidos debido a su eficiencia energética, ARM es la arquitectura dominante en smartphones y tabletas. **RISC-V** es una arquitectura abierta que permite a los diseñadores personalizar y optimizar los procesadores según sus necesidades específicas. Está ganando popularidad en aplicaciones de investigación y desarrollo.

5.13. Ejercicios resueltos

Ejercicio 1: comparar las diferencias entre RISC y CISC.

Respuesta:

- RISC: Utiliza un conjunto reducido de instrucciones simples. Mayor velocidad y eficiencia.
- CISC: Utiliza un conjunto amplio de instrucciones complejas. Puede reducir el número de instrucciones necesarias para realizar tareas complejas.

Ejercicio 2: explicar cómo la memoria caché mejora el rendimiento de un microprocesador.

Respuesta:

La memoria caché almacena temporalmente datos e instrucciones frecuentemente utilizados, reduciendo el tiempo que el CPU necesita para acceder a la memoria principal, mejorando así el rendimiento del sistema.

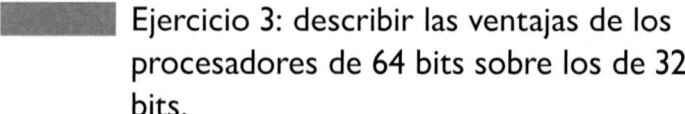 Ejercicio 3: describir las ventajas de los procesadores de 64 bits sobre los de 32 bits.

Respuesta:

Los procesadores de 64 bits pueden manejar más memoria y realizar cálculos más complejos que los de 32 bits, lo que permite mejorar el rendimiento y la capacidad del sistema.

Ejercicio 4: explicar el concepto de hyperthreading y cómo mejora el rendimiento del cpu.

Respuesta:

HyperThreading permite a un solo núcleo de CPU ejecutar dos hilos de procesamiento simultáneamente, mejorando el rendimiento en aplicaciones multihilo al maximizar el uso de los recursos del CPU.

Ejercicio 5: investigar y explicar la importancia de los procesadores arm en la industria de los dispositivos móviles.

Respuesta:

Los procesadores ARM son cruciales en la industria móvil debido a su eficiencia energética, lo que permite una mayor duración de la batería y un menor calor generado en comparación con las arquitecturas tradicionales como x86.

Capítulo 6.

La memoria

6.1. La memoria

La memoria es uno de los componentes más cruciales en un sistema informático, ya que almacena los datos e instrucciones que el procesador necesita para ejecutar programas y realizar tareas. Sin memoria, el ordenador no podría funcionar de manera eficiente, ya que no tendría un lugar donde guardar temporalmente la información necesaria para operar.

En un sistema informático, la memoria se clasifica en varios tipos según su velocidad, capacidad y propósito. La memoria principal, conocida como RAM (Random Access Memory), es una memoria volátil que pierde su contenido al apagarse el ordenador. En contraste, la memoria no volátil, como la ROM (Read-Only Memory), mantiene su contenido incluso cuando el sistema está apagado. Además, existen otros tipos de memoria, como la memoria caché y la memoria virtual, que desempeñan roles específicos en el funcionamiento del sistema.

6.2. Jerarquía de memoria

La jerarquía de memoria de un ordenador se refiere a la organización de diferentes tipos de memoria en un sistema informático según su velocidad y costo. Aquí hay una descripción general:

Jerarquía de memoria de un ordenador

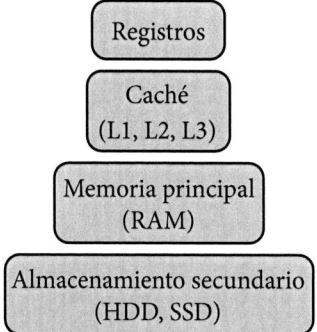

1. Registros: Son las memorias más rápidas y se encuentran dentro del procesador. Se utilizan para almacenar datos temporales y realizar operaciones rápidas.

2. Caché: Es una memoria de alta velocidad que se encuentra entre los registros y la memoria principal. Está diseñada para reducir el tiempo de acceso a los datos que se usan con frecuencia. Se divide en niveles, siendo L1 el más rápido y pequeño, y L2 y L3 más grandes pero un poco más lentos.

3. Memoria principal (RAM): La memoria de acceso aleatorio (RAM) es más lenta que la caché pero tiene una capacidad mucho mayor. Es donde se almacenan los datos y programas que se están utilizando activamente.

4. Almacenamiento secundario: Incluye dispositivos como discos duros (HDD) y unidades de estado sólido (SSD). Son más lentos que la RAM pero tienen una capacidad de almacenamiento mucho mayor y retienen los datos incluso cuando el ordenador está apagado.

5. Almacenamiento terciario: Se refiere a dispositivos de almacenamiento externo, como cintas magnéticas y discos ópticos. Son utilizados para almacenar grandes cantidades de datos a largo plazo y son los más lentos en términos de velocidad de acceso.

Esta jerarquía permite que los sistemas informáticos optimicen el rendimiento y el costo, utilizando diferentes tipos de memoria para distintas necesidades.

6.2.1. La memoria RAM

La memoria RAM (Random Access Memory) es el tipo de memoria más conocido y utilizado en los ordenadores. Se caracteriza por ser una memoria volátil, lo que significa que pierde su contenido cuando se apaga el sistema. La RAM es esencial para el funcionamiento del sistema, ya que permite el acceso rápido a los datos e instrucciones que el procesador necesita para ejecutar programas.

El controlador de memoria

El controlador de memoria es un componente crucial en la gestión del acceso a la memoria RAM. Su función principal es controlar las operaciones de lectura y escritura en la memoria, asegurando que estas se realicen de manera eficiente y sin conflictos. El controlador de memoria puede estar integrado en el chipset de la placa base o en el propio procesador.

Bus de memoria

El bus de memoria es el canal de comunicación entre el procesador y la memoria RAM. Permite la transferencia de datos, direcciones y señales de control entre estos componentes. La eficiencia del bus de memoria es vital para el rendimiento general del sistema, ya que determina la velocidad a la que los datos pueden ser transferidos entre la RAM y el CPU.

Ciclo de acceso a la memoria

El ciclo de acceso a la memoria se refiere al proceso completo de leer o escribir datos en la memoria RAM. Este ciclo incluye varias etapas, como la solicitud de acceso, la transferencia de datos y la finalización de la operación. La duración de este ciclo afecta directamente la velocidad de acceso a los datos y, por ende, el rendimiento del sistema.

Parámetros fundamentales de la memoria

Para evaluar el rendimiento y la compatibilidad de la memoria RAM, es importante considerar varios parámetros fundamentales:

Velocidad de acceso (ns)

La velocidad de acceso, medida en nanosegundos (ns), indica el tiempo que tarda la memoria en responder a una solicitud de lectura o escritura. Una menor velocidad de acceso significa una memoria más rápida, lo que mejora el rendimiento del sistema.

Velocidad de reloj (MHz)

La velocidad de reloj, medida en megahercios (MHz), indica la frecuencia a la que la memoria opera. Una mayor velocidad de reloj permite realizar más operaciones por segundo, lo que se traduce en un mejor rendimiento del sistema. La velocidad de reloj es uno de los factores clave que determina la rapidez con la que la memoria puede acceder a los datos.

Latencias y CAS

Las latencias y el CAS (Column Address Strobe) son parámetros que se refieren al tiempo que tarda la memoria en acceder a una columna específica de datos después de recibir una solicitud. Menores valores de latencia y CAS resultan en un acceso más rápido a los datos, mejorando la eficiencia del sistema. La latencia se mide en ciclos de reloj, y un menor número de ciclos indica un acceso más rápido.

Ancho de banda y dual channel

El ancho de banda se refiere a la cantidad de datos que pueden transferirse por segundo entre la memoria y el procesador. Un mayor ancho de banda significa que se pueden transferir más datos en un periodo de tiempo determinado, mejorando el rendimiento del sistema. El modo Dual Channel permite duplicar el ancho de banda utilizando dos módulos de memoria simultáneamente, lo que mejora aún más el rendimiento.

Voltaje

El voltaje es la cantidad de energía eléctrica que requiere la memoria para funcionar. Diferentes tipos de memoria RAM pueden operar a diferentes voltajes, y es importante que el voltaje sea compatible con la placa base. Un voltaje adecuado asegura que la memoria funcione de manera estable y eficiente, evitando problemas de sobrecalentamiento o fallos.

6.2.3. Tipos de memorias RAM

Existen varios tipos de memorias RAM, cada una con características y aplicaciones específicas. A continuación, se describen los tipos más comunes:

- **SRAM**. Static RAM, es un tipo de memoria que no necesita refrescarse constantemente, lo que la hace más rápida que la DRAM. La SRAM se utiliza principalmente en memorias caché debido a su velocidad. Sin embargo, es más costosa y consume más energía en comparación con la DRAM.

- **SDRAM**. Synchronous DRAM, es una memoria que sincroniza sus operaciones con el reloj del sistema, lo que permite un acceso más rápido y eficiente a los datos. La SDRAM se utiliza en muchos sistemas modernos debido a su rendimiento y compatibilidad.

- **DDR SDRAM**. La DDR (Double Data Rate) SDRAM duplica la velocidad de transferencia de datos al enviar y recibir datos tanto en el flanco de subida como en el de bajada del reloj. Esto mejora significativamente el rendimiento en comparación con la SDRAM convencional.

- **DDR2 SDRAM**. Mejora la velocidad y eficiencia energética en comparación con la DDR. Permite mayores velocidades de reloj y un menor consumo de energía, lo que la hace ideal para sistemas que requieren un alto rendimiento.

- **DDR3 SDRAM**. Ofrece mayores velocidades de transferencia y eficiencia energética que la DDR2. Es una opción común en sistemas modernos debido a su equilibrio entre rendimiento y consumo de energía.

- **DDR4 SDRAM y DDR5 SDRAM**. La DDR4 SDRAM es aún más rápida y eficiente que la DDR3, con mayores capacidades de almacenamiento. La DDR5

SDRAM representa la última evolución, ofreciendo velocidades aún mayores y mejoras en la eficiencia energética, lo que la hace adecuada para aplicaciones de alto rendimiento y sistemas avanzados.

- **RDRAM o DRDRAM.** Rambus DRAM, fue desarrollada para ofrecer altas velocidades de transferencia, pero su adopción fue limitada debido a su alto costo y complejidad. Aunque ya no se utiliza ampliamente, la RDRAM fue una tecnología innovadora en su tiempo.

- **Otras Alternativas.** Existen otras alternativas de memoria RAM, como la **LPDDR** (Low Power DDR) utilizada en dispositivos móviles y la GDDR (Graphics DDR) utilizada en tarjetas gráficas. Estas variantes están diseñadas para satisfacer necesidades específicas de diferentes aplicaciones y dispositivos.

6.2.4. Módulos de memoria

Los módulos de memoria son los paquetes físicos que contienen los chips de memoria RAM. Existen varios tipos de módulos, cada uno diseñado para diferentes aplicaciones y sistemas:

- SIMM (Single Inline Memory Module): Utilizado en sistemas antiguos, tiene contactos en un solo lado del módulo. Los SIMM fueron reemplazados por tecnologías más avanzadas debido a sus limitaciones en capacidad y velocidad.

- DIMM (Dual Inline Memory Module): Utilizado en la mayoría de los sistemas modernos, tiene contactos en ambos lados del módulo. Los DIMM ofrecen mayores capacidades y velocidades, siendo compatibles con las tecnologías de memoria más recientes.

- RIMM (Rambus Inline Memory Module): Utilizado con RDRAM, tiene un diseño específico para este tipo de memoria. Aunque los RIMM ofrecían altas velocidades de transferencia, su alto costo limitó su adopción.
- SO-DIMM (Small Outline DIMM): Son más pequeños y están diseñados específicamente para su uso en portátiles y otros dispositivos compactos. Los SO-DIMM son esenciales para los dispositivos donde el espacio es una limitación crítica.

Módulos Registered y Unbuffered

- Registered: Incluyen un registro entre el controlador de memoria y los módulos de memoria, mejorando la estabilidad en sistemas con grandes cantidades de RAM. Los módulos registered son comunes en servidores y estaciones de trabajo.
- Unbuffered: No tienen registro, son más comunes en sistemas de escritorio y ofrecen menor latencia. Los módulos unbuffered son adecuados para la mayoría de las aplicaciones de uso general.

Módulos FB-DIMM

Los FB-DIMM (Fully Buffered DIMM) incluyen un búfer completo que mejora la señal y permite mayores capacidades de memoria, pero con mayor latencia. Los FB-DIMM se utilizan principalmente en servidores de alto rendimiento donde la capacidad de memoria es crítica.

Módulos con paridad o con ECC

- Paridad: Incluyen un bit adicional para detectar errores en los datos. Los módulos con paridad ofrecen

una detección básica de errores, pero no pueden co-
rregirlos.

- ECC (Error-Correcting Code): Pueden detectar y corregir errores en los datos, mejorando la fiabilidad
del sistema. Los módulos ECC son esenciales en aplicaciones críticas donde la integridad de los datos es
fundamental.

Autoconfiguración del módulo. Chip SPD

El chip SPD (Serial Presence Detect) permite la auto-
configuración de los módulos de memoria, proporcionando información al sistema sobre las características y
configuraciones óptimas del módulo. El chip SPD simplifica el proceso de configuración y asegura que la memoria
funcione correctamente.

6.2.5. Encapsulado del chip en memoria

El encapsulado del chip en memoria se refiere a cómo
los chips de memoria están montados y protegidos dentro de los módulos de memoria. Diferentes tecnologías
de encapsulado pueden afectar la eficiencia térmica y la
durabilidad del módulo. Un buen diseño de encapsulado
asegura que los chips de memoria funcionen de manera
eficiente y tengan una larga vida útil.

6.2.6. ¿Cuánta memoria RAM necesito?

La cantidad de memoria RAM necesaria depende del
uso previsto del sistema. Para tareas básicas como navegación web y ofimática, 4-8 GB pueden ser suficientes. Para

juegos, edición de video y otras aplicaciones intensivas, se recomienda 16 GB o más. Los profesionales que trabajan con grandes volúmenes de datos o aplicaciones científicas pueden necesitar 32 GB o más. Es importante evaluar las necesidades específicas antes de decidir cuánta memoria instalar.

6.2.7. Memoria virtual

La memoria virtual es una técnica que permite a un sistema operativo utilizar espacio en el disco duro como si fuera memoria RAM adicional. Esto se logra mediante la paginación, donde las partes de los programas y datos que no se usan activamente se almacenan en un archivo de intercambio en el disco duro, liberando así memoria RAM para otros usos. La memoria virtual es crucial para gestionar eficientemente los recursos del sistema y asegurar un rendimiento fluido incluso cuando la memoria física es limitada.

6.2.8. Otras memorias

Además de la memoria RAM, existen otros tipos de memoria utilizados en los sistemas informáticos:

Memoria caché

La memoria caché es una memoria de alta velocidad que almacena temporalmente los datos e instrucciones más utilizados por el CPU. Se encuentra más cerca del CPU que la RAM y reduce significativamente los tiempos de acceso a los datos. La caché se divide en varios niveles (L1, L2 y L3), cada uno con diferentes capacidades y velocidades, para optimizar el rendimiento del sistema.

Memoria gráfica

La memoria gráfica (VRAM) es un tipo de memoria utilizada en tarjetas gráficas para almacenar imágenes y datos gráficos. Permite un acceso rápido y eficiente a los datos necesarios para renderizar gráficos en tiempo real. La VRAM es crucial para juegos, diseño gráfico y aplicaciones de realidad virtual, donde la velocidad y capacidad de la memoria gráfica impactan directamente en la calidad y fluidez de los gráficos.

Memoria ROM

La memoria ROM (Read-Only Memory) es una memoria no volátil que almacena el firmware del sistema, como la BIOS o UEFI. Estos datos son necesarios para el arranque del sistema y no se pierden cuando el ordenador se apaga. La ROM asegura que el sistema tenga la información esencial para iniciar correctamente y proporcionar un entorno estable para el sistema operativo.

6.3. Ejercicios Resueltos

Ejercicio I: comparar las diferencias entre SRAM y DRAM.

Respuesta:
- SRAM (Static RAM): No necesita refrescarse, más rápida y costosa, utilizada en cachés.

- DRAM (Dynamic RAM): Necesita refrescarse constantemente, más lenta y barata, utilizada en RAM principal.

Ejercicio 2: explicar cómo el modo dual channel mejora el rendimiento de la memoria RAM.

Respuesta:

El modo Dual Channel permite que el controlador de memoria acceda a dos módulos de memoria simultáneamente, duplicando el ancho de banda y mejorando el rendimiento del sistema.

Ejercicio 3: describir las ventajas de la DDR4 sobre la DDR3.

Respuesta:
- DDR4: Mayor velocidad de transferencia, menor consumo de energía, mayores capacidades de almacenamiento.
- DDR3: Menor coste, suficiente para muchas aplicaciones de uso general.

Ejercicio 4: explicar el concepto de memoria virtual y su importancia en los sistemas operativos.

Respuesta:

La memoria virtual permite que un sistema operativo utilice espacio en el disco duro como memoria adicional, lo que es crucial para gestionar múltiples aplicaciones y grandes volúmenes de datos sin quedar sin memoria física.

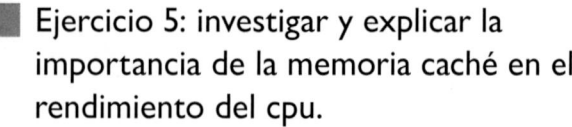 Ejercicio 5: investigar y explicar la importancia de la memoria caché en el rendimiento del cpu.

Respuesta:

La memoria caché almacena temporalmente datos e instrucciones frecuentemente utilizados, reduciendo el tiempo de acceso y mejorando significativamente el rendimiento del CPU.

Capítulo 7.

Dispositivos de almacenamiento

7.1. Tecnología magnética

7.1.1. Conceptos básicos respecto a discos duros

La tecnología magnética

La tecnología magnética es la base fundamental de los discos duros tradicionales, los cuales han sido el principal medio de almacenamiento en computadoras durante varias décadas. Este tipo de almacenamiento utiliza un recubrimiento magnético en los platos del disco para almacenar datos binarios. La tecnología se basa en la magnetización de áreas específicas en el plato, donde la dirección de la magnetización representa un bit de información, ya sea un 1 o un 0.

El proceso de lectura y escritura en un disco duro magnético es realizado por los cabezales de lectura/escritura. Durante la escritura, el cabezal altera la dirección de la magnetización en un área específica del plato, almacenando así un bit de datos. Para leer los datos, el cabezal detecta la dirección de la magnetización en el plato. Este sistema ha permitido el almacenamiento masivo de datos de manera económica, aunque tiene sus limitaciones en términos de velocidad y durabilidad en comparación ...

La fiabilidad de los discos duros magnéticos ha mejorado con el tiempo gracias a avances en la precisión de los cabezales de lectura/escritura y en la estabilidad de los materiales magnéticos utilizados en los platos. Sin embargo, la tecnología magnética sigue siendo susceptible a daños físicos, como los causados por golpes o vibraciones que pueden provocar un 'choque de cabezales'.

Estructura física de un disco duro

Un disco duro convencional está compuesto por varios componentes clave que trabajan en conjunto para almacenar y recuperar datos:

- **Platos**: Son discos circulares que están recubiertos con una capa de material magnético. Cada plato puede tener dos superficies de almacenamiento, una en cada lado. Los discos duros modernos pueden tener varios platos apilados en el eje para aumentar la capacidad de almacenamiento.

- **Eje**: Este componente central mantiene los platos en su lugar y los hace girar a una velocidad constante durante la operación del disco duro.

- **Cabezal** de lectura/escritura: Este componente se mueve muy cerca de la superficie de los platos, pero sin tocarlos, para leer o escribir datos. Existen cabezales en cada superficie activa de los platos, y se mueven sincronizadamente para acceder a diferentes pistas en los platos.

- **Actuador**: Es el mecanismo que mueve los cabezales de lectura/escritura sobre la superficie de los platos. Su precisión es crucial para la fiabilidad del disco duro, ya que debe colocar los cabezales con exactitud sobre las pistas correctas para leer o escribir datos.

- **Motor de giro**: Es el motor responsable de hacer girar los platos a una velocidad constante. Las velocidades comunes son 5400 RPM y 7200 RPM, aunque existen discos duros de 10,000 RPM y 15,000 RPM para aplicaciones de alto rendimiento.

- **Placa de control**: Es una tarjeta de circuito impreso que controla las funciones del disco duro, como la lectura/escritura de datos y la comunicación con el resto del sistema informático. Esta placa también gestiona el caché del disco duro, que es una pequeña cantidad de memoria rápida utilizada para mejorar el rendimiento del disco.

Aparcamiento y choque de cabezales

El aparcamiento de cabezales es una técnica crítica para proteger el disco duro cuando no está en uso o durante el transporte. En los primeros discos duros, los cabezales se dejaban en la superficie del plato cuando el disco se apagaba, lo que aumentaba el riesgo de que los cabezales se pegaran a la superficie o causaran daños. Con la introducción del aparcamiento de cabezales, estos se mueven automáticamente a una zona de aparcamiento lejos de la superficie activa de los platos, eliminando este rie...

El choque de cabezales es un problema serio que ocurre cuando los cabezales de lectura/escritura hacen contacto físico con la superficie de los platos mientras el disco está en funcionamiento. Esto puede ocurrir debido a golpes, vibraciones o fallos mecánicos en el actuador. Un choque de cabezales puede rayar la superficie del plato, lo que resulta en la pérdida de datos y en daños permanentes al disco duro. Los fabricantes han implementado diversas tecnologías para mitigar este riesgo, como sensore...

7.1.2. Especificaciones básicas de un disco duro

Formato físico

El formato físico de un disco duro se refiere al tamaño y la forma del dispositivo, que debe ser compatible con la carcasa del ordenador o del dispositivo en el que se va a instalar. Los formatos físicos más comunes son:

- **3.5 pulgadas**: Este formato se utiliza principalmente en ordenadores de escritorio y es conocido por su capacidad de almacenamiento relativamente alta y su precio accesible.

- **2.5 pulgadas**: Este formato es común en ordenadores portátiles y unidades de almacenamiento externas, donde el espacio y el consumo de energía son limitados.

- **1.8 pulgadas**: Este formato más pequeño se utiliza en algunos dispositivos portátiles de alta densidad, como reproductores multimedia y unidades SSD (aunque las SSD suelen adoptar formatos personalizados o mSATA y M.2 en lugar de los tradicionales de 1.8 pulgadas).

Cada uno de estos formatos físicos tiene aplicaciones específicas, y la elección del formato adecuado depende de factores como la capacidad de almacenamiento necesaria, el espacio físico disponible y las demandas de rendimiento.

Capacidad

La capacidad de un disco duro es uno de los factores más importantes al elegir un dispositivo de almacenamiento. Esta capacidad se mide en gigabytes (GB) o terabytes (TB), donde 1 TB equivale a 1,024 GB. Con los avances tecnológicos, la capacidad de los discos duros ha aumentado exponencialmente, permitiendo almacenar enormes cantidades de datos en un solo dispositivo.

- **Capacidad de Almacenamiento**: Los discos duros modernos para uso doméstico y empresarial varían en capacidad desde 500 GB hasta 20 TB o más. En entornos empresariales, es común encontrar sistemas de almacenamiento que combinan varios discos duros en configuraciones RAID, lo que puede llevar la capacidad total a varios petabytes (1 petabyte = 1,024 TB).

- **Factores que Afectan la Capacidad**: La capacidad de un disco duro no solo depende del número de platos que contiene, sino también de la densidad de grabación, es decir, cuántos datos pueden almacenarse en una pulgada cuadrada de la superficie del plato. La tecnología de grabación perpendicular, por ejemplo, ha permitido un aumento significativo en la densidad de datos, permitiendo mayores capacidades de almacenamiento en discos de igual tamaño físico.
- **Uso de la Capacidad**: La capacidad requerida depende del uso previsto del disco duro. Por ejemplo, los usuarios domésticos que almacenan principalmente documentos y fotos pueden estar satisfechos con un disco de 1 TB, mientras que los editores de video y las empresas que manejan grandes volúmenes de datos pueden necesitar discos de 10 TB o más.

Velocidad de rotación

La velocidad de rotación es un factor determinante en el rendimiento de un disco duro. Medida en revoluciones por minuto (RPM), esta velocidad influye en la rapidez con la que los datos pueden ser accedidos y transferidos.

- **Velocidades Comunes**: Las velocidades más comunes en los discos duros son 5,400 RPM y 7,200 RPM. Los discos de 5,400 RPM suelen utilizarse en aplicaciones donde el consumo de energía y el ruido son más importantes que el rendimiento, como en portátiles y discos duros externos. Los discos de 7,200 RPM, por otro lado, ofrecen un mejor rendimiento y son la elección estándar para ordenadores de sobremesa y algunas configuraciones de servidores.

- **Altas Velocidades**: Existen discos duros con velocidades de 10,000 RPM y 15,000 RPM, diseñados para aplicaciones de alta demanda donde el rendimiento es crítico, como en servidores y estaciones de trabajo de alto rendimiento. Estos discos permiten un acceso más rápido a los datos, reduciendo el tiempo de espera durante la lectura y escritura de grandes archivos. Sin embargo, tienden a generar más calor y consumir más energía, lo que puede requerir soluciones de enfriamiento adicionales.

- **Impacto en el Rendimiento**: Una mayor velocidad de rotación reduce el tiempo de latencia, es decir, el tiempo que tarda un sector específico del plato en pasar por debajo del cabezal de lectura/escritura. Esto resulta en tiempos de acceso más rápidos y un mejor rendimiento general del disco duro, especialmente en tareas que requieren un acceso frecuente y rápido a los datos.

Velocidad interna

La velocidad interna de un disco duro es un término que se refiere a la velocidad con la que los datos se pueden leer o escribir en los platos del disco. Esta velocidad es crucial para determinar el rendimiento general del disco duro.

- **Densidad de Datos**: La velocidad interna está influenciada por la densidad de datos en los platos. Cuanto mayor sea la densidad de datos, más información se puede leer o escribir en una sola rotación del plato, lo que aumenta la velocidad efectiva de transferencia de datos. Esto es especialmente importante en discos duros modernos que utilizan tecnología de grabación perpendicular para maximizar la densidad de datos.

• **Interacción con el Caché**: La velocidad interna también está relacionada con el tamaño del caché del disco duro. Un caché más grande permite que los datos se almacenen temporalmente en una memoria de alta velocidad antes de ser escritos en los platos, lo que puede mejorar el rendimiento en operaciones de lectura/escritura intensivas.

• **Impacto en Diferentes Aplicaciones**: La velocidad interna es particularmente importante en aplicaciones que manejan grandes archivos de datos, como la edición de video, bases de datos grandes y juegos. En estos casos, una mayor velocidad interna puede reducir significativamente los tiempos de carga y mejorar la experiencia del usuario.

Tamaño de Buffer o Caché

El buffer o caché en un disco duro es una pequeña cantidad de memoria de alta velocidad utilizada para mejorar el rendimiento de las operaciones de lectura y escritura.

• **Función del Caché**: Durante una operación de escritura, los datos se almacenan temporalmente en el caché antes de ser escritos en los platos. Esto permite que el disco duro maneje múltiples solicitudes de lectura/escritura de manera más eficiente, reduciendo el tiempo de espera. En operaciones de lectura, los datos que se han leído recientemente pueden mantenerse en el caché, lo que permite un acceso más rápido si se vuelven a solicitar.

- **Tamaños Comunes**: Los discos duros modernos pueden tener cachés que varían en tamaño desde 8 MB hasta 256 MB o más. Un caché más grande es beneficioso en situaciones donde se realizan múltiples operaciones de lectura/escritura en rápida sucesión, como en servidores y estaciones de trabajo de alta demanda.

- **Impacto en el Rendimiento**: Aunque un caché más grande no siempre garantiza un mejor rendimiento en todas las circunstancias, puede ser particularmente útil en aplicaciones que manejan grandes cantidades de datos o que requieren un acceso rápido a datos previamente leídos.

Velocidad externa de la interfaz

La velocidad externa de la interfaz de un disco duro se refiere a la velocidad máxima a la que los datos pueden ser transferidos entre el disco duro y el ordenador.

- **Interfaz SATA**: Serial ATA (SATA) es la interfaz más común en discos duros modernos. SATA III, la versión más reciente, ofrece velocidades de transferencia de hasta 6 Gbps (600 MB/s). Esto es suficiente para la mayoría de las aplicaciones domésticas y empresariales, incluyendo el uso de discos duros mecánicos y SSD basados en SATA.

- **Interfaz SCSI y SAS**: Small Computer System Interface (SCSI) y Serial Attached SCSI (SAS) son interfaces utilizadas principalmente en servidores y sistemas empresariales. SAS, en particular, ofrece velocidades de hasta 12 Gbps en su versión más reciente, lo que la hace ideal para aplicaciones que requieren un rendimiento constante y la capacidad de manejar múltiples discos duros en una configuración RAID.

- **Interfaz NVMe**: Non-Volatile Memory Express (NVMe) es una interfaz diseñada específicamente para SSDs que utilizan el bus PCIe. NVMe ofrece velocidades significativamente superiores a las de SATA, con transferencias que pueden alcanzar los 32 Gbps (aproximadamente 4 GB/s) en configuraciones de alta gama. NVMe es la elección preferida para aplicaciones de alta velocidad, como estaciones de trabajo de edición de video y gaming de alto rendimiento.

Tiempos de búsqueda y latencias

Los tiempos de búsqueda y latencias son factores clave que afectan el rendimiento de un disco duro.

- **Tiempo de Búsqueda**: El tiempo de búsqueda se refiere al tiempo que tarda el cabezal de lectura/escritura en moverse a la pista correcta en el plato para acceder a los datos deseados. Un menor tiempo de búsqueda significa un acceso más rápido a los datos, lo que es esencial para mejorar el rendimiento en aplicaciones que requieren acceso aleatorio a grandes volúmenes de datos.

- **Latencia Rotacional**: La latencia rotacional es el tiempo adicional que tarda el plato en girar hasta que la posición correcta pasa por debajo del cabezal de lectura/escritura. La latencia es directamente proporcional a la velocidad de rotación del disco, por lo que los discos con mayor RPM tienen menor latencia rotacional. Esto es crucial para reducir los tiempos de espera en la lectura/escritura de datos.

• **Impacto en Diferentes Escenarios**: En un entorno de servidor donde se realizan numerosas operaciones de lectura/escritura simultáneas, tanto el tiempo de búsqueda como la latencia rotacional son críticos. En discos duros de alta velocidad (como los de 15,000 RPM), estas métricas son optimizadas para garantizar un rendimiento superior en aplicaciones de alta demanda.

Tecnología de grabación perpendicular

La tecnología de grabación perpendicular es una innovación en la forma en que se almacenan los datos en los platos de un disco duro.

• **Grabación Perpendicular vs Longitudinal**: En los primeros discos duros, los datos se almacenaban utilizando grabación longitudinal, donde los bits de datos se alineaban horizontalmente a lo largo de la superficie del plato. La grabación perpendicular, introducida más tarde, alinea los bits de datos verticalmente, lo que permite almacenar más datos en la misma área de superficie.

• **Ventajas de la Grabación Perpendicular**: Esta tecnología ha permitido un aumento significativo en la densidad de datos, lo que ha llevado a discos duros con capacidades mucho mayores sin necesidad de aumentar el tamaño físico del disco. Además, la grabación perpendicular mejora la estabilidad de los datos almacenados, reduciendo el riesgo de pérdida de datos debido a interferencias magnéticas.

• **Aplicaciones y Futuro**: La grabación perpendicular es ahora el estándar en la fabricación de discos duros, y se continúa investigando en técnicas avanzadas, como la grabación asistida por calor (HAMR), para seguir aumentando la densidad de almacenamiento en el futuro.

S.M.A.R.T., Recalibración térmica y A/V

S.M.A.R.T. (Self-Monitoring, Analysis, and Reporting Technology) es una característica esencial en los discos duros modernos que permite la monitorización constante de su estado de salud.

- **Función de S.M.A.R.T.:** S.M.A.R.T. realiza un seguimiento de varios parámetros operativos, como la temperatura del disco, la cantidad de sectores defectuosos, y los errores de lectura/escritura. Si detecta que uno de estos parámetros está fuera de los límites normales, puede advertir al usuario antes de que ocurra un fallo catastrófico, lo que permite tomar medidas preventivas, como la copia de seguridad de datos.

- **Recalibración Térmica:** Este proceso ajusta las operaciones del disco duro en respuesta a los cambios de temperatura. Los discos duros son sensibles a las variaciones de temperatura, y la recalibración asegura que las cabezas de lectura/escritura mantengan su precisión, evitando la pérdida de datos o la corrupción debido a un mal funcionamiento térmico.

- **Aplicaciones A/V (Audio/Video):** Los discos duros diseñados para aplicaciones de audio y video (como DVRs y sistemas de videovigilancia) están optimizados para manejar flujos continuos de datos. Estos discos suelen incluir características como la minimización de la generación acústica y la optimización del rendimiento para la grabación y reproducción ininterrumpida de contenido multimedia.

Generación acústica

La generación acústica, o el nivel de ruido producido por un disco duro, es un factor importante a considerar en entornos donde el silencio es esencial.

- **Fuentes de Ruido**: El ruido en un disco duro puede provenir de varias fuentes, como el movimiento de los platos, el cabezal de lectura/escritura y el motor de giro. Los discos duros con velocidades de rotación más altas suelen generar más ruido, lo que puede ser molesto en entornos silenciosos.

- **Tecnologías de Reducción de Ruido**: Los fabricantes han desarrollado tecnologías para reducir el ruido, como el uso de motores más silenciosos y la optimización del diseño aerodinámico de los componentes internos. Algunos discos duros incluso permiten ajustar el rendimiento para reducir el ruido a costa de una ligera disminución en la velocidad de acceso.

- **Aplicaciones en Entornos Sensibles**: En oficinas, estudios de grabación o entornos domésticos, donde el silencio es importante, los discos duros con baja generación acústica son preferibles. Los discos diseñados específicamente para aplicaciones de audio/video suelen ser optimizados para producir menos ruido, asegurando una operación silenciosa incluso durante largas sesiones de grabación.

7.1.3. La interfaz de disco y sus conectores

Las interfaces de disco duro son fundamentales para la comunicación entre el disco y el resto del sistema informático.

- **SATA (Serial ATA):** Es la interfaz más común en los discos duros modernos. SATA III, la última versión, proporciona velocidades de transferencia de hasta 6 Gbps. SATA es fácil de usar, con cables delgados que mejoran la gestión interna del cableado en los ordenadores. Esta interfaz es compatible con la mayoría de las placas base modernas, lo que la convierte en una opción versátil para ordenadores de escritorio, portátiles y unidades de almacenamiento externo.

- **PATA (Parallel ATA):** También conocida como IDE, PATA es una interfaz más antigua que ha sido reemplazada por SATA en la mayoría de los sistemas. Aunque es menos común en dispositivos modernos, todavía se encuentra en algunos equipos más antiguos. PATA utiliza cables más anchos, lo que puede dificultar la gestión del cableado y la ventilación interna en los sistemas compactos.

- **SCSI (Small Computer System Interface):** Utilizado principalmente en servidores y estaciones de trabajo, SCSI es conocido por su robustez y su capacidad para conectar múltiples dispositivos a una sola interfaz. SCSI es ideal para entornos empresariales donde la fiabilidad y el rendimiento son críticos.

- **SAS (Serial Attached SCSI):** SAS es una evolución de SCSI que combina las ventajas de SCSI y SATA, proporcionando alta velocidad y fiabilidad. Es común en servidores y sistemas de almacenamiento de alto rendimiento. SAS permite conectar discos duros SAS y SATA en la misma infraestructura, lo que ofrece flexibilidad y escalabilidad en entornos empresariales.

7.1.4. Tecnología **SCSI** y **SAS**

SCSI (Small Computer System Interface) y SAS (Serial Attached SCSI) son tecnologías clave en entornos empresariales debido a su alta fiabilidad, capacidad de manejo de múltiples dispositivos y rendimiento constante.

- **SCSI**: Es una interfaz estándar utilizada para la conexión y transferencia de datos entre ordenadores y dispositivos periféricos como discos duros, impresoras y escáneres. SCSI permite la conexión de hasta 16 dispositivos a un solo controlador, lo que lo hace ideal para entornos que requieren múltiples conexiones. Su capacidad para manejar múltiples comandos simultáneamente y su alta fiabilidad han hecho de SCSI una opción preferida en servidores y estaciones de trabajo.

- **SAS**: Como una evolución moderna de SCSI, SAS ofrece una combinación de alta velocidad, fiabilidad y flexibilidad. SAS es compatible con discos duros SATA, lo que permite a los administradores de sistemas combinar ambos tipos de discos en una sola configuración. Con velocidades de transferencia que pueden alcanzar hasta 12 Gbps, SAS es ideal para aplicaciones empresariales que requieren un acceso rápido y constante a grandes volúmenes de datos.

7.1.5. Particiones MBR y GPT en un disco duro

Particiones primarias, secundarias y lógicas

Las particiones son divisiones lógicas de un disco duro que permiten organizar y gestionar los datos de manera más eficiente. Los sistemas operativos utilizan particiones para instalarse, almacenar datos y gestionar archivos de manera segura. Existen dos tipos principales de tablas de particiones: MBR (Master Boot Record) y GPT (GUID Partition Table).

El MBR, que ha sido el estándar durante muchos años, tiene algunas limitaciones. Solo permite la creación de cuatro particiones primarias, lo que puede ser insuficiente en sistemas que requieren múltiples particiones. Para superar esta limitación, una de las particiones primarias puede ser configurada como una partición extendida, dentro de la cual se pueden crear varias particiones lógicas.

La tabla de particiones GPT, por otro lado, es el nuevo estándar que supera muchas de las limitaciones del MBR. GPT permite un número casi ilimitado de particiones y es compatible con discos de gran capacidad, superiores a 2 TB. Además, GPT almacena múltiples copias de la tabla de particiones a lo largo del disco, lo que mejora la robustez y la capacidad de recuperación en caso de que se corrompa.

Dentro de estas tablas de particiones, existen diferentes tipos de particiones:

- **Particiones Primarias**: Son las primeras particiones creadas en un disco. En MBR, pueden existir hasta cuatro particiones primarias.
- **Particiones Secundarias** (o Extendidas): Utilizadas para superar la limitación de cuatro particiones pri-

marias en MBR. Una partición extendida puede contener varias particiones lógicas.

- **Particiones Lógicas**: Son subparticiones dentro de una partición extendida. Permiten organizar los datos y sistemas operativos adicionales en un disco que ya ha alcanzado su límite de particiones primarias.

7.1.6. Sistemas de Ficheros

FAT32

FAT32 es uno de los sistemas de archivos más antiguos que todavía se utiliza hoy en día, especialmente en unidades flash USB y otros dispositivos portátiles. Fue introducido como una mejora del sistema de archivos FAT16, permitiendo volúmenes más grandes y archivos de mayor tamaño. Sin embargo, FAT32 tiene limitaciones, como un tamaño máximo de archivo de 4 GB, lo que puede ser restrictivo para usuarios que necesitan manejar archivos de gran tamaño, como videos en alta definición.

NTFS

NTFS (New Technology File System) es el sistema de archivos predeterminado en los sistemas operativos Windows modernos. Introducido por primera vez con Windows NT, NTFS ofrece numerosas ventajas sobre FAT32, incluyendo soporte para grandes volúmenes, mayor seguridad a nivel de archivos con control de acceso y encriptación, y mejor manejo de archivos grandes. NTFS también incluye características avanzadas como la recuperación automática de errores y la compresión de archivos.

Ext2, Ext3 y Ext4

Ext2, Ext3 y Ext4 son sistemas de archivos utilizados principalmente en sistemas operativos Linux. Cada versión ha mejorado sobre la anterior en términos de eficiencia, fiabilidad y capacidad de almacenamiento. Ext2 fue uno de los primeros sistemas de archivos de Linux ampliamente utilizados, pero carecía de características como el journaling, lo que llevó al desarrollo de Ext3, que añadió esta funcionalidad para mejorar la recuperación de errores.

Ext4, la versión más moderna, ofrece mejoras significativas, como soporte para volúmenes y archivos de mayor tamaño, así como un rendimiento más rápido gracias a la asignación retrasada y otras optimizaciones. Ext4 es el sistema de archivos predeterminado en muchas distribuciones de Linux modernas debido a su equilibrio entre rendimiento y fiabilidad.

Btrfs y Xfs

Btrfs (B-tree File System) y Xfs son sistemas de archivos avanzados utilizados en entornos Linux, diseñados para manejar grandes volúmenes de datos y proporcionar características como la instantánea (snapshot) y la gestión avanzada de volúmenes. Btrfs es conocido por su flexibilidad y capacidades de autosanación, lo que lo hace ideal para sistemas que requieren alta fiabilidad y gestión de datos sofisticada. Xfs, por otro lado, es famoso por su rendimiento en sistemas de archivos grandes y su excelente manejo de archivos fragmentados.

7.1.7. RAID

RAID (Redundant Array of Independent Disks) es una tecnología que permite combinar varios discos duros en una unidad lógica para mejorar el rendimiento y/o la redundancia de los datos. RAID se implementa en diferentes niveles, cada uno con sus propias ventajas y desventajas en términos de velocidad, seguridad y capacidad.

RAID 0

RAID 0 distribuye los datos entre varios discos para mejorar la velocidad de lectura/escritura. Sin embargo, no proporciona redundancia, lo que significa que si un disco falla, se pierde toda la información. Este tipo de RAID es adecuado para aplicaciones donde la velocidad es crítica y la pérdida de datos no es una preocupación mayor.

RAID 1

RAID 1 duplica los datos en dos discos (mirroring) para proporcionar redundancia. Si uno de los discos falla, los datos se pueden recuperar del otro disco. Aunque RAID 1 ofrece alta seguridad de datos, el costo de almacenamiento es alto, ya que requiere el doble de discos para almacenar la misma cantidad de datos.

RAID 5 y RAID5 Spare

RAID 5 distribuye los datos y la paridad entre varios discos, proporcionando un equilibrio entre rendimiento y redundancia. Esto permite que el sistema continúe operando incluso si falla uno de los discos, con los datos siendo reconstruidos a partir de la paridad almacenada en los otros discos. RAID 5 spare incluye un disco adicional que actúa como reserva en caso de fallo de uno de los discos principales, permitiendo una recuperación automática sin intervención humana.

RAID 10 y 01

RAID 10 combina las ventajas de RAID 0 y RAID 1, ofreciendo tanto velocidad como redundancia. En RAID 10, los datos se distribuyen entre dos o más pares de discos que están configurados en espejo, lo que proporciona alta velocidad y seguridad. RAID 01 es menos común y ofrece características similares, pero con una disposición diferente de los discos.

RAID 6

RAID 6 es similar a RAID 5 pero con doble paridad, lo que permite que el sistema tolere la falla de dos discos duros simultáneamente. Esto lo hace extremadamente fiable, aunque a costa de una reducción en la capacidad de almacenamiento utilizable y un aumento en la complejidad de la gestión de datos.

1.7.6. RAID 3 y RAID 3 Spare

RAID 3 utiliza un disco dedicado para almacenar la paridad, lo que ofrece una buena redundancia pero puede ser un cuello de botella en términos de rendimiento, especialmente en aplicaciones con muchas operaciones de escritura. RAID 3 spare añade un disco de repuesto para mayor seguridad, permitiendo una recuperación automática similar a la de RAID 5 spare.

7.2. Tecnología FLASH

7.2.1. El Disco SSD

Estructura física de un disco SSD

Los discos SSD (Solid State Drive) han revolucionado el almacenamiento de datos al eliminar las partes móviles que se encuentran en los discos duros tradicionales. En lugar de platos giratorios y cabezales de lectura/escritura, los SSD utilizan memoria flash para almacenar datos, lo que resulta en un acceso más rápido y una mayor durabilidad. Los SSD son, por lo tanto, más resistentes a golpes y vibraciones y ofrecen tiempos de acceso mucho más rápidos en comparación con los discos duros mecánicos.

Un SSD típico se compone de los siguientes componentes:

- **Memoria NAND Flash**: Es el tipo de memoria utilizada en los SSD para almacenar datos. Esta memoria es no volátil, lo que significa que retiene los datos incluso cuando el dispositivo está apagado. Existen diferentes tipos de memoria NAND, como SLC (Single-Level Cell), MLC (Multi-Level Cell), TLC (Triple-Level Cell) y QLC (Quad-Level Cell), cada una con diferentes características en términos de velocidad, durabilidad y costo.

- **Controlador**: El controlador es esencialmente el 'cerebro' del SSD. Gestiona la lectura y escritura de datos en la memoria NAND, maneja la distribución de los datos para evitar el desgaste prematuro de las celdas de memoria (wear leveling) y realiza tareas como la corrección de errores. La eficiencia y capacidad del controlador tienen un impacto significativo en el rendimiento general del SSD.

- **Interfaz**: Similar a los discos duros, los SSD utilizan interfaces para conectarse al sistema. Las interfaces comunes incluyen SATA, mSATA, M.2, y NVMe. Las interfaces SATA son más lentas, mientras que las interfaces NVMe, que utilizan el bus PCIe, ofrecen las velocidades de transferencia más rápidas disponibles en la actualidad.

La evolución de la tecnología SSD ha sido impulsada por la necesidad de un almacenamiento más rápido y fiable. Mientras que los discos duros tradicionales han alcanzado límites en términos de velocidad debido a la naturaleza mecánica de su funcionamiento, los SSD continúan mejorando en capacidad y rendimiento. Los SSD ofrecen velocidades de lectura y escritura secuenciales que superan fácilmente las de los discos duros, con algunos modelos NVMe alcanzando hasta 3500 MB/s en lectura y 3000 MB/s en escritura.

Además de su velocidad, los SSD también ofrecen otras ventajas sobre los discos duros tradicionales:

- **Durabilidad**: Sin partes móviles, los SSD son mucho más resistentes a daños físicos, lo que los hace ideales para portátiles y otros dispositivos móviles.
- **Consumo de Energía**: Los SSD consumen menos energía que los discos duros, lo que se traduce en una mayor duración de la batería en dispositivos portátiles.
- **Ruido**: A diferencia de los discos duros, los SSD no generan ruido ya que no hay piezas mecánicas que se muevan.

Especificaciones básicas de un disco SSD

Los discos SSD (Solid State Drives) han revolucionado el almacenamiento de datos debido a su velocidad y fiabilidad superiores en comparación con los discos duros tradicionales. Aquí exploraremos algunas de las especificaciones clave que definen un SSD:

- **Capacidad**: Los SSD están disponibles en una amplia gama de capacidades, desde 12 GB hasta varios terabytes. La capacidad de un SSD depende de la cantidad de memoria NAND que incluye. A medida que la tecnología avanza, las capacidades de los SSD han aumentado considerablemente, lo que los hace adecuados tanto para usuarios comunes como para aplicaciones empresariales.

- **Tipo de Memoria NAND**: Los SSD utilizan diferentes tipos de memoria NAND, incluyendo SLC (Single-Level Cell), MLC (Multi-Level Cell), TLC (Triple-Level Cell) y QLC (Quad-Level Cell). Cada tipo de NAND tiene sus propias características en términos de durabilidad, rendimiento y costo. Por ejemplo, SLC es la más duradera y rápida, pero también la más costosa, mientras que QLC ofrece mayores capacidades a un costo más bajo pero con una durabilidad y rendimiento ligeramente menores.

- **Velocidad de Lectura/Escritura**: Los SSD ofrecen velocidades de lectura y escritura mucho más rápidas que los discos duros tradicionales. Los SSD basados en SATA pueden alcanzar velocidades de lectura/escritura de hasta 550/520 MB/s, mientras que los SSD NVMe pueden superar los 3,500 MB/s en lectura y 3,000 MB/s en escritura. Estas velocidades mejoran significativamente el rendimiento general del sistema, reduciendo los tiempos de arranque y acelerando la carga de aplicaciones.

- **Durabilidad (TBW - Terabytes Written)**: La durabilidad de un SSD se mide en términos de Terabytes Written (TBW), que indica cuántos datos pueden escribirse en el SSD antes de que comience a fallar. Los SSD con mayor TBW son ideales para aplicaciones que requieren un gran número de escrituras, como servidores de bases de datos o estaciones de trabajo de edición de video.

- **MTBF (Mean Time Between Failures)**: El MTBF es una medida de la fiabilidad de un SSD y se expresa en horas. Los SSD de alta calidad suelen tener un MTBF de más de 1,5 millones de horas, lo que refleja su fiabilidad y durabilidad en aplicaciones de misión crítica.

Interfaz de un disco SSD

La interfaz de un SSD determina cómo se conecta al sistema y afecta directamente la velocidad de transferencia de datos.

- **SATA (Serial ATA)**: SATA es la interfaz más común en los SSD, especialmente en los modelos de gama baja y media. SATA III ofrece velocidades de hasta 6 Gbps, lo que es suficiente para la mayoría de las aplicaciones cotidianas. Aunque es más lenta que otras interfaces, SATA sigue siendo una opción popular debido a su amplia compatibilidad y costo más bajo.

- **NVMe (Non-Volatile Memory Express)**: NVMe es una interfaz diseñada específicamente para SSDs que utilizan el bus PCIe (Peripheral Component Interconnect Express). Ofrece velocidades de transferencia significativamente superiores a las de SATA, con capacidades de hasta 32 Gbps en configuraciones de alta gama. NVMe es ideal para aplicaciones que requieren un rendimiento ultra-rápido, como estaciones de trabajo de edición de video, gaming de alto rendimiento y servidores.

- **M.2**: M.2 es un factor de forma común utilizado para SSDs, que puede soportar tanto interfaces SATA como NVMe. Los SSD M.2 son compactos y se conectan directamente a la placa base, lo que ahorra espacio y reduce el desorden de cables. Este formato es especialmente popular en portátiles y ordenadores compactos.
- **U.2**: U.2 es otra interfaz utilizada en SSDs, principalmente en entornos empresariales. Aunque menos común que M.2 o SATA, U.2 ofrece velocidades de transferencia rápidas y es compatible con tecnologías avanzadas de almacenamiento, lo que la hace adecuada para servidores y aplicaciones de almacenamiento en red.

7.3. El disco híbrido

Los discos híbridos combinan lo mejor de los discos duros tradicionales (HDD) y los SSD en un solo dispositivo, ofreciendo un equilibrio entre capacidad de almacenamiento, velocidad y costo.

7.3.1. Estructura física

Un disco híbrido, también conocido como SSHD (Solid State Hybrid Drive), combina un disco duro tradicional con una pequeña cantidad de memoria flash NAND, similar a la utilizada en los SSD.

- **Componentes Principales**: La estructura física de un disco híbrido incluye platos giratorios como los de un disco duro tradicional y un módulo de memoria flash que actúa como caché. El módulo de memoria flash almacena los datos más utilizados, lo que permite un acceso más rápido en comparación con los platos giratorios.

- **Funcionamiento**: Los discos híbridos están diseñados para utilizar la memoria flash para almacenar datos a los que se accede con frecuencia, como archivos del sistema operativo y aplicaciones populares. Esto permite tiempos de arranque más rápidos y un mejor rendimiento general del sistema, similar al de un SSD, mientras que el disco duro proporciona una gran capacidad de almacenamiento a un costo más bajo.

7.3.2. Especificaciones básicas

- **Capacidad**: La capacidad de los discos híbridos suele variar desde 500 GB hasta varios terabytes, similar a los discos duros tradicionales. La cantidad de memoria flash utilizada como caché suele ser de 8 GB a 32 GB. Aunque esta memoria flash no es suficiente para almacenar grandes cantidades de datos, es suficiente para mejorar el rendimiento en las tareas cotidianas.
- **Velocidad de Rotación**: La velocidad de rotación de los platos en un disco híbrido es similar a la de los discos duros tradicionales, con 5,400 RPM y 7,200 RPM siendo las velocidades más comunes. La memoria flash ayuda a mitigar las limitaciones de velocidad asociadas con los discos duros tradicionales.
- **Rendimiento**: En términos de rendimiento, los discos híbridos se encuentran entre los discos duros tradicionales y los SSD. Aunque no son tan rápidos como los SSD puros, ofrecen un rendimiento significativamente mejor que los discos duros, especial-

mente en el arranque del sistema y la carga de aplicaciones.

7.3.3. Interfaz de discos híbridos

Los discos híbridos utilizan las mismas interfaces que los discos duros tradicionales y los SSD.

- **SATA**: La mayoría de los discos híbridos utilizan la interfaz SATA III, lo que les permite alcanzar velocidades de transferencia de hasta 6 Gbps. Esta interfaz es ampliamente compatible con la mayoría de las placas base y es adecuada para una variedad de aplicaciones, desde ordenadores de escritorio hasta portátiles.

- **Compatibilidad**: Dado que utilizan la interfaz SATA, los discos híbridos son compatibles con cualquier dispositivo que admita discos duros SATA, lo que facilita su integración en sistemas existentes sin necesidad de adaptadores o configuraciones especiales.

7.4. Dispositivos ópticos

Los dispositivos ópticos son unidades que utilizan láseres para leer y escribir datos en discos ópticos, como CD, DVD y Blu-ray.

- **Tipos de Discos Ópticos**: Los dispositivos ópticos pueden manejar diferentes tipos de discos, cada uno con su propia capacidad y propósito. Los CD (Compact Disc) pueden almacenar hasta 700 MB de datos, los DVD (Digital Versatile Disc) pueden almacenar hasta 4.7 GB en un solo lado, y los discos Blu-ray pueden almacenar hasta 25 GB en un solo lado.

- **Unidades de Lectura/Escritura**: Los dispositivos ópticos vienen en versiones que solo leen discos (ROM, Read-Only Memory) y versiones que pueden tanto leer como escribir (RW, ReWritable). Las unidades Blu-ray más avanzadas pueden leer y escribir en discos Blu-ray, DVD y CD, proporcionando una solución de almacenamiento versátil.

- **Usos Comunes**: Aunque el uso de dispositivos ópticos ha disminuido con el auge de las memorias flash y el almacenamiento en la nube, siguen siendo útiles para la distribución de software, copias de seguridad y reproducción de contenido multimedia en formatos físicos.

7.5. NAS vs SAN

NAS (Network Attached Storage) y SAN (Storage Area Network) son soluciones de almacenamiento en red utilizadas para compartir y gestionar grandes cantidades de datos en entornos empresariales.

7.5.1. NAS

Definición de un Network Attached Storage

Un NAS es un dispositivo de almacenamiento conectado a una red que permite a los usuarios almacenar y acceder a datos desde múltiples dispositivos a través de la red. Actúa como un servidor de archivos, proporcionando un acceso centralizado y controlado a los datos.

Características de un NAS

- **Fácil Configuración y Gestión**: Los NAS son fáciles de configurar y administrar, con interfaces de usuario intuitivas que permiten a los administradores de red gestionar el almacenamiento y los permisos de acceso de manera eficiente.

- **Escalabilidad**: Los sistemas NAS pueden expandirse fácilmente agregando más discos duros, lo que los hace ideales para empresas en crecimiento que necesitan más almacenamiento sin grandes inversiones iniciales.

- **Funciones Avanzadas**: Muchos dispositivos NAS incluyen funciones avanzadas como la replicación de datos, copia de seguridad automática, y la capacidad de actuar como servidores multimedia, lo que los convierte en una solución versátil para diferentes necesidades.

Modos de acceso a un NAS

- **Acceso por IP**: Los usuarios pueden acceder a los datos almacenados en un NAS utilizando la dirección IP del dispositivo a través de la red local. Esto es útil en redes pequeñas o domésticas.

- **Acceso por DNS**: En redes más grandes, se puede configurar un NAS con un nombre de dominio, permitiendo a los usuarios acceder a él de manera más intuitiva.

- **Acceso Remoto**: Muchos dispositivos NAS permiten el acceso remoto a través de internet, lo que es ideal para trabajadores remotos o para compartir archivos con clientes y socios comerciales.

7.5.2. SAN

Definición de un Storage Area Network

Un SAN es una red de alta velocidad dedicada al almacenamiento de datos que conecta servidores y dispositivos de almacenamiento a nivel de bloque. A diferencia de un NAS, que opera a nivel de archivos, un SAN permite a los servidores acceder directamente a los dispositivos de almacenamiento como si fueran discos locales.

Características de un SAN

- **Alta Velocidad**: Los SAN están diseñados para proporcionar un acceso rápido y de baja latencia a grandes volúmenes de datos, lo que es esencial en aplicaciones de misión crítica como bases de datos empresariales y sistemas de virtualización.
- **Fiabilidad y Redundancia**: Los SAN suelen incluir características de redundancia y recuperación ante desastres, como la replicación de datos entre diferentes ubicaciones geográficas, lo que garantiza la disponibilidad continua de los datos incluso en caso de fallo.
- **Escalabilidad**: Los SAN pueden escalarse a grandes configuraciones, permitiendo a las organizaciones agregar almacenamiento a medida que crecen sin interrupciones en el servicio.

Modos de acceso a un SAN

- **Fibre Channel**: Es la tecnología más común utilizada en SAN, proporcionando alta velocidad de transferencia de datos y baja latencia.
- **iSCSI (Internet Small Computer Systems Interface)**: iSCSI permite el acceso a un SAN a través de

una red IP, lo que lo hace más accesible en términos de costo y compatibilidad.

7.5.3. Comparativa

- **NAS vs SAN**: Mientras que un NAS es más fácil de configurar y gestionar, y es ideal para pequeñas y medianas empresas, un SAN ofrece un rendimiento superior y es adecuado para grandes organizaciones que necesitan un acceso rápido y confiable a grandes volúmenes de datos.

7.6. Tarjeta de memoria Flash

Las tarjetas de memoria flash son dispositivos de almacenamiento extraíbles que utilizan memoria flash para almacenar datos. Son ampliamente utilizadas en cámaras digitales, teléfonos móviles, tabletas y otros dispositivos electrónicos portátiles.

7.6.1. La memoria Flash

La memoria flash es un tipo de memoria no volátil que retiene los datos almacenados incluso cuando se apaga el dispositivo. Es rápida, duradera y puede reescribirse miles de veces antes de que comience a degradarse.

- **Tipos de Memoria Flash**: Los principales tipos de memoria flash incluyen NAND y NOR, siendo NAND la más común en tarjetas de memoria debido a su mayor densidad y menor costo.

7.6.2. La velocidad de las tarjetas de memoria

La velocidad de una tarjeta de memoria se refiere a la rapidez con la que puede leer y escribir datos.

- **Clasificaciones de Velocidad**: Las tarjetas de memoria se clasifican según sus velocidades de lectura y escritura. Las tarjetas SD, por ejemplo, se clasifican en clases 2, 4, 6, 10, UHS-I y UHS-II, con velocidades que van desde 2 MB/s hasta más de 300 MB/s en los modelos más avanzados.

- **Aplicaciones Dependientes de Velocidad**: La velocidad es crucial para ciertas aplicaciones, como la grabación de video en alta definición, donde se requiere una velocidad mínima para evitar la pérdida de cuadros.

7.6.3. Formatos de tarjeta de memoria

Existen varios formatos de tarjetas de memoria, cada uno diseñado para diferentes aplicaciones y dispositivos.

- **SD (Secure Digital)**: Es el formato más común y se utiliza en cámaras digitales, videocámaras y otros dispositivos portátiles. Incluye subvariantes como microSD y miniSD.

- **CF (CompactFlash)**: Utilizadas principalmente en cámaras profesionales debido a su alta capacidad y velocidad.

- **Memory Stick**: Un formato desarrollado por Sony, común en sus dispositivos.

- **XQD y CFast**: Formatos más recientes diseñados para aplicaciones de alto rendimiento, como la grabación de video 4K.

7.6.4. Lectores y adaptadores de tarjetas de memoria

Los lectores de tarjetas permiten a los usuarios transferir datos desde las tarjetas de memoria a un ordenador u otros dispositivos.

- **Lectores Integrados**: Muchos ordenadores portátiles y de sobremesa modernos vienen con lectores de tarjetas integrados.

- **Lectores Externos**: Los lectores externos se conectan a través de USB y pueden manejar múltiples tipos de tarjetas.

- **Adaptadores**: Los adaptadores permiten usar tarjetas más pequeñas, como microSD, en dispositivos que solo aceptan tarjetas más grandes, como SD.

7.7. Discos memoria USB (pendrives)

Los pendrives son dispositivos de almacenamiento portátiles que se conectan al ordenador mediante un puerto USB. Son conocidos por su conveniencia y facilidad de uso.

- **Capacidad y Velocidad**: Los pendrives están disponibles en capacidades que varían desde unos pocos gigabytes hasta varios terabytes, y las versiones más recientes ofrecen velocidades de transferencia USB 3.0 y 3.1, que son significativamente más rápidas que las versiones anteriores.

- **Durabilidad**: Los pendrives son resistentes y pueden soportar un uso frecuente y condiciones adversas, como el agua o los golpes, lo que los hace ideales para transportar datos de manera segura.

7.7.1. Discos USB con MP3

Algunos pendrives están diseñados específicamente para reproducir música y pueden funcionar como reproductores MP3 independientes.

- **Características**: Estos dispositivos combinan la funcionalidad de un pendrive con la capacidad de reproducir música almacenada, lo que los convierte en una opción versátil para los usuarios que desean llevar su música y datos consigo.
- **Facilidad de Uso**: Con controles simples y una interfaz intuitiva, estos dispositivos permiten a los usuarios cargar música y reproducirla directamente desde el dispositivo, sin necesidad de un ordenador.

7.8. Discos duros portátiles

Los discos duros portátiles son dispositivos de almacenamiento externos que se conectan al ordenador a través de un puerto USB, eSATA o Thunderbolt.

- **Capacidad**: Están disponibles en una amplia gama de capacidades, desde 500 GB hasta 5 TB o más, ofreciendo suficiente espacio para copias de seguridad, almacenamiento de multimedia y otros usos.
- **Portabilidad y Resistencia**: Estos discos duros están diseñados para ser ligeros y resistentes, lo que los hace ideales para el transporte de grandes cantidades de datos. Algunos modelos incluyen características adicionales como resistencia al agua o golpes.

7.8.1. Microdrive y otros formatos "micro"

Los microdrives son discos duros en miniatura diseñados para dispositivos portátiles. Aunque han sido en gran parte reemplazados por tarjetas de memoria flash, siguen siendo interesantes por su capacidad de almacenamiento en un formato extremadamente compacto.

- **Capacidad**: Aunque los microdrives ofrecían capacidades decentes para su tamaño, los avances en la tecnología de memoria flash los han hecho menos comunes.

- **Aplicaciones**: Solían ser utilizados en cámaras digitales y reproductores de música, donde el espacio limitado requería soluciones de almacenamiento compactas.

7.8.2. Discos duros a través de adaptadores

Los adaptadores permiten conectar discos duros internos como dispositivos externos a través de interfaces como USB o eSATA.

- **Facilidad de Uso**: Estos adaptadores son útiles para acceder a datos en discos duros antiguos o para transferir datos entre discos duros sin necesidad de instalarlos en un ordenador.

- **Compatibilidad**: La mayoría de los adaptadores son compatibles con discos duros de 2.5 y 3.5 pulgadas, así como con SSD.

7.9. Otros tipos de unidades

Además de los dispositivos mencionados, existen otros tipos de unidades de almacenamiento que se utilizan en nichos específicos.

- **Unidades de Cinta**: Utilizadas principalmente para copias de seguridad en grandes empresas, las unidades de cinta ofrecen una capacidad de almacenamiento masivo a bajo costo, aunque con velocidades de acceso más lentas.

- **Unidades Optane**: Una tecnología relativamente nueva desarrollada por Intel, las unidades Optane combinan características de la memoria RAM y los SSD para ofrecer un almacenamiento extremadamente rápido y de baja latencia, ideal para aplicaciones que requieren un acceso rápido y frecuente a grandes volúmenes de datos.

- **Unidades Zip y Jaz**: Utilizadas en el pasado para almacenamiento extraíble, estas unidades han sido en gran parte reemplazadas por dispositivos más modernos como los SSD y las tarjetas de memoria flash, pero siguen siendo interesantes desde un punto de vista histórico.

Capítulo 8.

Tarjetas gráficas

8.1. Conceptos fundamentales respecto a las tarjetas gráficas

Las tarjetas gráficas son un componente crucial en los ordenadores modernos, diseñadas para manejar y procesar datos visuales. Su importancia radica en su capacidad para mejorar la calidad de imagen, rendimiento y experiencia visual en tareas como videojuegos, diseño gráfico, modelado 3D, y edición de video. A continuación, se explican los conceptos clave que definen el funcionamiento y la eficiencia de las tarjetas gráficas.

8.1.1. La resolución de la pantalla

La resolución de la pantalla se refiere al número de píxeles que se muestran en el monitor. Se expresa en términos de ancho por alto, como 1920x1080 (Full HD), lo que significa que la pantalla tiene 1920 píxeles de ancho y 1080 píxeles de alto. Cada píxel representa un pequeño punto en la pantalla que puede mostrar un color específico, y juntos forman la imagen completa que vemos.

Una mayor resolución implica un mayor número de píxeles, lo que permite una imagen más detallada y nítida. Por ejemplo, una pantalla con resolución 4K (3840x2160 píxeles) tiene cuatro veces la cantidad de píxeles que una pantalla Full HD, lo que resulta en una claridad mucho mayor. Sin embargo, para manejar estas resoluciones más altas, la tarjeta gráfica debe ser capaz de procesar una mayor cantidad de datos, lo que requiere un mayor rendimiento de la GPU.

La elección de la resolución adecuada depende del tipo de tarea que se realice. Para los jugadores, una mayor resolución puede significar una experiencia más inmersiva, aunque a costa de un mayor consumo de recursos gráficos. En tareas de diseño gráfico o edición de video, una resolución más alta permite un trabajo más preciso y detallado.

Ejercicio: Comparativa de resoluciones de pantalla (720p, 1080p, 1440p, 4K) mostrando cómo cada una aumenta la nitidez y los detalles.

8.1.2. El número de colores (calidad o profundidad de color)

La profundidad de color es la cantidad de bits utilizada para representar el color de cada píxel en la pantalla. Cuantos más bits se usen, mayor será el número de colores que la pantalla puede mostrar. Por ejemplo, una profundidad de color de 8 bits por canal permite 256 niveles de color por canal (rojo, verde y azul), lo que da un total de 16,7 millones de colores. Una profundidad de color de 10 bits, por otro lado, puede mostrar más de mil millones de colores.

Una mayor profundidad de color es crucial para aplicaciones donde la precisión del color es importante, como en el diseño gráfico o la edición de vídeo. Esto permite mostrar gradaciones de color más suaves y una mayor variedad de tonos, lo que resulta en imágenes más realistas y vibrantes. En monitores con soporte para HDR (High Dynamic Range), una mayor profundidad de color también permite una representación más precisa de los niveles de brillo y contraste.

Ejercicio: Representación gráfica de la diferencia entre una profundidad de color de 8 bits y 10 bits, mostrando cómo la mayor profundidad mejora la suavidad de las transiciones de color.

8.1.3. El modo de vídeo

El modo de vídeo se refiere a la combinación de resolución y profundidad de color que una tarjeta gráfica puede utilizar para mostrar imágenes en una pantalla. Cada tarjeta gráfica admite diferentes modos de vídeo, que varían en términos de resolución, profundidad de color y frecuencia de refresco. Estos modos permiten a los usuarios ajustar la salida de la tarjeta gráfica para adaptarse a diferentes tipos de pantallas y necesidades de rendimiento.

Por ejemplo, un modo de vídeo común es 1920x1080 a 60 Hz con una profundidad de color de 24 bits. Este modo es adecuado para la mayoría de las tareas, como la navegación web y la reproducción de vídeos. Sin embargo, para juegos de alta velocidad o aplicaciones gráficas avanzadas, se pueden necesitar modos de vídeo con mayor resolución, mayor profundidad de color o una frecuencia de refresco más alta para lograr una experiencia visual más fluida y detallada.

La elección del modo de vídeo adecuado es esencial para optimizar tanto la calidad de la imagen como el rendimiento del sistema. Configurar un modo de vídeo que exceda las capacidades de la tarjeta gráfica o del monitor puede llevar a una experiencia visual deficiente, con problemas como imágenes borrosas, tartamudeos o una baja frecuencia de cuadros.

Ejemplo de imagen: Pantallazo de la configuración de modos de vídeo en un panel de control de gráficos, mostrando diversas combinaciones de resolución, frecuencia de refresco y profundidad de color.

8.1.4. La frecuencia de refresco de pantalla y el RAMDAC

La frecuencia de refresco de pantalla se refiere a cuántas veces por segundo se actualiza la imagen en la pantalla, y se mide en hercios (Hz). Una frecuencia de refresco más alta significa que la imagen se actualiza más frecuentemente, lo que resulta en una experiencia visual más suave. Esto es particularmente importante en juegos y aplicaciones de vídeo donde el movimiento rápido puede causar imágenes borrosas si la frecuencia de refresco es demasiado baja.

Por ejemplo, una pantalla con una frecuencia de refresco de 60 Hz se actualiza 60 veces por segundo. Aunque esta frecuencia es adecuada para muchas aplicaciones, los jugadores a menudo prefieren pantallas con frecuencias de 120 Hz o 144 Hz, que proporcionan una experiencia más fluida y reducen el desenfoque de movimiento.

El RAMDAC (Random Access Memory Digital-to-Analog Converter) era un componente clave en las tarjetas gráficas, especialmente en modelos más antiguos que se conectaban a monitores analógicos. Este convertidor transformaba las señales digitales de la tarjeta gráfica en señales analógicas que podían ser interpretadas por el monitor. Aunque hoy en día la mayoría de las conexiones son digitales, y el RAMDAC ha perdido relevancia, entender su función es útil para comprender la evolución de las tarjetas gráficas.

Ejemplo de imagen: Un gráfico que ilustre la diferencia en la suavidad del movimiento entre pantallas con frecuencias de refresco de 60 Hz, 120 Hz y 144 Hz.

8.1.5. Memoria de vídeo

La memoria de vídeo (VRAM) es un componente esencial en una tarjeta gráfica, encargada de almacenar temporalmente texturas, mapas de bits, datos de geometría y otros elementos gráficos que la GPU necesita procesar. Cuanta más VRAM tenga una tarjeta gráfica, más datos puede manejar simultáneamente, lo que es crucial para aplicaciones que requieren gráficos intensivos.

En videojuegos modernos, la VRAM se utiliza para almacenar texturas de alta resolución, lo que permite que el juego se vea más detallado y realista. Por ejemplo, una tarjeta gráfica con 4 GB de VRAM puede manejar juegos a 1080p con configuraciones de gráficos medias a altas, mientras que una tarjeta con 8 GB o más puede manejar juegos en 4K con configuraciones ultra.

En aplicaciones profesionales como la edición de video o el diseño 3D, la VRAM es igualmente importante. Si la tarjeta gráfica se queda sin VRAM, deberá recurrir a la memoria del sistema, lo que puede ralentizar significativamente el rendimiento del software. Por lo tanto, una cantidad adecuada de VRAM es crucial para un flujo de trabajo eficiente.

Ejemplo de imagen: Diagrama que muestra cómo la VRAM almacena texturas, sombras y otros datos gráficos, y cómo afecta al rendimiento en aplicaciones de alto rendimiento.

8.1.6. Los controladores o drivers

Los controladores o drivers son programas de software que permiten que el sistema operativo y las aplicaciones se comuniquen eficazmente con la tarjeta gráfica. Los controladores son esenciales para garantizar que la tarjeta gráfica funcione correctamente y ofrezca el mejor rendimiento posible.

Actualizar los controladores de la tarjeta gráfica es fundamental para mantener la compatibilidad con nuevas aplicaciones y juegos, así como para corregir errores y mejorar el rendimiento. Los fabricantes de tarjetas gráficas, como NVIDIA y AMD, lanzan regularmente actualizaciones de drivers que optimizan el rendimiento de sus GPUs con los últimos juegos y aplicaciones.

Por ejemplo, un nuevo juego puede recibir una actualización de drivers que optimiza su rendimiento en tarjetas gráficas específicas, aumentando la tasa de cuadros por segundo y mejorando la estabilidad. Por esta razón, es recomendable mantener los drivers actualizados para garantizar que la tarjeta gráfica funcione al máximo de su capacidad.

Ejemplo de imagen: Captura de pantalla del proceso de actualización de drivers en el software de gestión de tarjetas gráficas de NVIDIA o AMD.

8.2. La historia de las tarjetas gráficas para un PC

La historia de las tarjetas gráficas es una cronología de avances tecnológicos que han transformado la manera en que experimentamos los gráficos en los ordenadores. Las primeras tarjetas gráficas, desarrolladas en los años 80, eran rudimentarias y estaban diseñadas principalmente para manejar texto y gráficos básicos en 2D.

En 1981, IBM lanzó la Monochrome Display Adapter (MDA), que podía mostrar solo texto en un color. Poco después, aparecieron la Color Graphics Adapter (CGA) y la Enhanced Graphics Adapter (EGA), que introdujeron gráficos en color y resoluciones mejoradas, pero aún eran bastante limitadas en comparación con los estándares actuales.

El verdadero avance llegó con la Video Graphics Array (VGA) en 1987, que se convirtió en un estándar debido a su capacidad para mostrar gráficos con una resolución de 640x480 píxeles y 16 colores. VGA fue revolucionario para su época y sentó las bases para las futuras innovaciones en gráficos.

En la década de 1990, con la creciente popularidad de los videojuegos en PC, surgieron las primeras tarjetas gráficas 3D, como la serie Voodoo de 3dfx. Estas tarjetas permitieron la aceleración de gráficos 3D en tiempo real, transformando la industria de los videojuegos y estableciendo un nuevo estándar para las aplicaciones gráficas.

A medida que avanzamos en el siglo XXI, NVIDIA y ATI (que luego fue adquirida por AMD) se convirtieron en los principales fabricantes de tarjetas gráficas, introduciendo tecnologías avanzadas como el trazado de rayos en tiempo real (ray tracing) y la inteligencia artificial, que han llevado el realismo gráfico a niveles sin precedentes.

Ejemplo de imagen: Línea de tiempo visual que muestre la evolución de las tarjetas gráficas, desde la MDA hasta las GPUs modernas de NVIDIA y AMD, destacando hitos clave como la introducción de VGA, la primera tarjeta 3D y las actuales tarjetas con ray tracing.

8.3. Las conexiones de las tarjetas gráficas

Las tarjetas gráficas no solo procesan gráficos, sino que también deben conectarse tanto a la placa base del ordenador como al monitor. Estas conexiones son vitales para garantizar que los datos se transmitan de manera eficiente, permitiendo una experiencia visual fluida y de alta calidad.

8.3.1. Ranuras para tarjetas gráficas

Las tarjetas gráficas se conectan a la placa base del ordenador a través de ranuras de expansión. En la historia de los PCs, se han utilizado diferentes tipos de ranuras, incluyendo PCI (Peripheral Component Interconnect), AGP (Accelerated Graphics Port), y el estándar actual, PCI Express (PCIe).

El PCIe es el estándar más avanzado para las tarjetas gráficas, permitiendo una comunicación extremadamente rápida entre la tarjeta gráfica y la CPU. Las ranuras PCIe vienen en diferentes configuraciones, siendo PCIe x16 la más común para tarjetas gráficas. Esta ranura ofrece el mayor ancho de banda, lo que es crucial para manejar las grandes cantidades de datos necesarios para renderizar gráficos complejos.

Comparado con tecnologías anteriores como AGP, PCIe ofrece una velocidad significativamente mayor, lo que permite que las tarjetas gráficas modernas manejen con facilidad las aplicaciones más exigentes, como videojuegos en 3D y edición de vídeo de alta resolución.

Ejemplo de imagen: Fotografía de una placa base que muestra una ranura PCIe x16 con una tarjeta gráfica instalada, destacando la manera en que la tarjeta se inserta en la ranura.

8.3.2. Conectores externos

Las tarjetas gráficas también están equipadas con una variedad de conectores externos que se utilizan para conectar el ordenador a monitores y otros dispositivos de visualización. Los tipos de conectores más comunes incluyen:

- HDMI (High-Definition Multimedia Interface): Es el conector más común para la transmisión de video y audio digital de alta definición en un solo cable. Se usa ampliamente en televisores, monitores y proyectores.

- DisplayPort: Ofrece capacidades similares a HDMI, pero con soporte para mayores resoluciones y tasas de refresco, lo que lo hace ideal para monitores de alta gama y configuraciones de múltiples pantallas.

- DVI (Digital Visual Interface): Un estándar más antiguo que aún se encuentra en muchos monitores, especialmente en aquellos diseñados para uso profesional. Ofrece transmisión digital de video, aunque sin soporte para audio.

- VGA (Video Graphics Array): Un estándar analógico más antiguo que todavía se encuentra en algunos monitores y proyectores. Aunque es menos común en dispositivos modernos, sigue siendo relevante para la compatibilidad con hardware antiguo.

La elección del conector adecuado depende de las especificaciones del monitor y la capacidad de la tarjeta gráfica. Para obtener la mejor calidad de imagen y rendimiento, se recomienda utilizar conectores digitales como HDMI o DisplayPort, especialmente en monitores de alta resolución.

Ejemplo de imagen: Fotografía que muestre los diferentes tipos de conectores en una tarjeta gráfica, como HDMI, DisplayPort, DVI y VGA, con etiquetas que expliquen sus usos y capacidades.

8.3.3. Otros conectores internos

Además de los conectores externos para monitores, las tarjetas gráficas también pueden tener conectores internos para alimentar el rendimiento adicional que requieren. Esto incluye conectores de alimentación PCIe, que son necesarios para proporcionar la energia adicional que necesitan las tarjetas gráficas de alto rendimiento.

Las tarjetas gráficas modernas suelen requerir conectores de 6 pines, 8 pines o incluso una combinación de ambos para funcionar correctamente. Estos conectores se conectan directamente a la fuente de alimentación del PC, asegurando que la tarjeta reciba suficiente energía para manejar tareas intensivas, como juegos de alta gama o edición de video 4K.

Ejemplo de imagen: Diagrama que muestre cómo se conectan los cables de alimentación PCIe a una tarjeta gráfica, destacando los diferentes tipos de conectores (6 pines, 8 pines).

8.4. **El mundo de las tarjetas 3D**

El avance hacia los gráficos 3D representó un gran cambio en la tecnología de tarjetas gráficas, permitiendo la creación de entornos virtuales tridimensionales en tiempo real. Esto fue un salto significativo en la industria del videojuego y en aplicaciones profesionales como la simulación, el modelado 3D y la visualización científica.

8.4.1. **DirectX y OpenGL**

DirectX y OpenGL son dos de las API (Application Programming Interfaces) más importantes que han facilitado la creación y el manejo de gráficos 3D en los ordenadores.

- DirectX: Desarrollado por Microsoft, es una colección de API utilizadas para manejar tareas relacionadas con multimedia, especialmente en la programación de videojuegos y gráficos en 3D. DirectX es fundamental para los juegos en Windows, ya que ofrece una forma estandarizada para que los desarrolladores de juegos se comuniquen con la tarjeta gráfica.

- OpenGL: Es una API de gráficos en 3D utilizada ampliamente en múltiples plataformas, incluyendo Windows, macOS y Linux. OpenGL es conocida por su flexibilidad y su uso en aplicaciones profesionales de gráficos, como CAD, simulaciones y videojuegos.

Ambas API permiten a los desarrolladores acceder a las capacidades de la tarjeta gráfica para renderizar gráficos complejos en 3D, aunque tienen diferentes fortalezas y están optimizadas para diferentes entornos. DirectX, por ejemplo, es particularmente fuerte en la integración con el ecosistema de Windows, mientras que OpenGL es valorado por su versatilidad y su uso en múltiples sistemas operativos.

Ejemplo de imagen: Gráfico que compare las características y usos de DirectX y OpenGL, destacando sus aplicaciones más comunes en juegos y software profesional.

8.4.2. La generación de imágenes 3D

La generación de imágenes 3D es un proceso complejo que involucra múltiples etapas, desde la creación de modelos 3D hasta el renderizado final de la imagen. Este proceso es manejado en gran parte por la GPU, que es responsable de calcular las geometrías, aplicar texturas, y generar sombras y luces para crear una imagen tridimensional convincente.

El proceso comienza con la creación de un modelo 3D, que es una representación matemática de un objeto en tres dimensiones. Luego, la GPU se encarga de aplicar texturas y colores al modelo, calcular cómo la luz interactúa con su superficie y finalmente renderizar el objeto en la pantalla como una imagen bidimensional.

En los videojuegos, este proceso se repite varias veces por segundo para crear la ilusión de movimiento y realismo. Cuanto más potente es la GPU, más detalles y efectos visuales puede manejar, lo que se traduce en gráficos más realistas y fluidos.

Ejemplo de imagen: Diagrama que ilustre el proceso de generación de imágenes 3D, desde la creación del modelo hasta el renderizado final, con ejemplos de cada etapa.

8.5. La elección de la tarjeta gráfica y su rendimiento

Elegir la tarjeta gráfica adecuada es crucial para garantizar que el ordenador pueda manejar las tareas para las que está destinado, ya sea para juegos, trabajo profesional en 3D, o edición de video. El rendimiento de una tarjeta gráfica depende de varios factores, incluyendo el tipo de chip gráfico, la cantidad de VRAM, y las tecnologías compatibles.

8.5.1. Chips gráficos con soporte DirectX

Los chips gráficos, o GPUs, varían en su compatibilidad con diferentes versiones de DirectX, lo que afecta directamente su rendimiento en juegos y aplicaciones gráficas. DirectX es una API clave en el desarrollo de videojuegos para Windows, y las tarjetas gráficas que soportan las últimas versiones de DirectX pueden ofrecer efectos visuales más avanzados, como el trazado de rayos en tiempo real.

Por ejemplo, la NVIDIA GeForce RTX 4090 soporta DirectX 12 Ultimate, lo que permite el uso de tecnologías de vanguardia como el ray tracing y el sombreado de tasa variable (VRS). Estas características permiten que los juegos se vean más realistas y mejoren significativamente la inmersión visual.

Al comparar tarjetas gráficas, es importante considerar la versión de DirectX que soportan. Las tarjetas más antiguas que solo soportan DirectX 11 pueden no ser capaces de manejar los efectos visuales avanzados que requieren los juegos modernos, lo que puede resultar en un rendimiento inferior y una menor calidad gráfica.

Ejemplo de imagen: Comparativa entre dos chips gráficos, uno con soporte DirectX 11 y otro con DirectX 12, mostrando las diferencias en calidad gráfica y rendimiento en un videojuego moderno.

8.5.2. Tarjetas gráficas múltiples: SLI y Crossfire

SLI (Scalable Link Interface) de NVIDIA y Crossfire de AMD son tecnologías que permiten utilizar múltiples tarjetas gráficas en un solo sistema para aumentar el rendimiento. Estas configuraciones son populares entre los entusiastas de los videojuegos y los profesionales que requieren un poder de procesamiento gráfico extremo.

En una configuración SLI o Crossfire, dos o más tarjetas gráficas se conectan para trabajar en conjunto, dividiendo la carga de trabajo entre ellas. Esto puede resultar en un aumento significativo en la tasa de cuadros por segundo (FPS) y en la capacidad de manejar resoluciones más altas y efectos gráficos avanzados.

Sin embargo, no todos los juegos y aplicaciones soportan SLI o Crossfire, y la mejora en el rendimiento puede variar según el software. Además, estas configuraciones suelen requerir una fuente de alimentación más potente y una buena ventilación para manejar el calor adicional generado por múltiples tarjetas gráficas.

Ejemplo de imagen: Fotografía de una placa base con dos tarjetas gráficas instaladas en configuración SLI, mostrando cómo se conectan y trabajan juntas para mejorar el rendimiento.

8.5.3. Tarjetas gráficas para profesionales del 3D

Para profesionales que trabajan en campos como el diseño 3D, la simulación, y la edición de video, la elección de una tarjeta gráfica es aún más crítica. Las tarjetas gráficas diseñadas para el uso profesional, como las series NVIDIA Quadro o AMD Radeon Pro, están optimizadas para manejar cargas de trabajo intensivas en gráficos con precisión y estabilidad.

Estas tarjetas ofrecen características avanzadas como mayores cantidades de VRAM, soporte para múltiples monitores de alta resolución, y drivers certificados para software profesional como AutoCAD, Maya, y Adobe Creative Suite. A diferencia de las tarjetas gráficas de consumo, las tarjetas profesionales están diseñadas para funcionar de manera consistente bajo cargas de trabajo prolongadas, lo que es esencial en entornos de trabajo donde la fiabilidad es clave.

Ejemplo de imagen: Comparativa entre una tarjeta gráfica de consumo (como una NVIDIA GeForce) y una tarjeta gráfica profesional (como una NVIDIA Quadro), destacando las diferencias en especificaciones y aplicaciones.

Capítulo 9.

La caja del ordenador. Refrigeración. Fuente de alimentación

9.1. La caja del ordenador

La caja del ordenador, también conocida como chasis o torre, es un componente fundamental en cualquier sistema informático. No solo sirve como soporte físico para los componentes internos, sino que también juega un papel crucial en la refrigeración, la protección contra daños físicos y la estética general del equipo. Elegir la caja adecuada puede influir significativamente en el rendimiento y la durabilidad del ordenador.

9.1.1. Estructura de una caja

La estructura de una caja de ordenador está diseñada para albergar y proteger todos los componentes internos, como la placa base, el procesador, la memoria RAM, las unidades de almacenamiento, la fuente de alimentación y las tarjetas de expansión. Generalmente, las cajas están fabricadas con materiales como acero SECC, aluminio o plástico ABS, que ofrecen resistencia y durabilidad.

Las cajas suelen contar con paneles laterales desmontables que facilitan el acceso al interior para la instalación o mantenimiento de los componentes. En el frontal, es común encontrar bahías para unidades ópticas y discos duros, así como puertos USB y conectores de audio para facilitar el acceso del usuario. La parte posterior de la caja incluye aberturas para las conexiones de la placa base y ranuras de expansión para tarjetas gráficas y otras tarjetas PCIe.

El diseño interno de la caja está pensado para optimizar el flujo de aire y facilitar la gestión de cables. Muchas cajas modernas incluyen compartimentos separados para la fuente de alimentación y los discos duros, lo que ayuda a aislar el calor y mejorar la refrigeración general del sistema.

9.1.2. Orientaciones de una caja

Las cajas de ordenador pueden diseñarse en diferentes orientaciones, principalmente vertical y horizontal, lo que afecta tanto a la estética como a la funcionalidad del sistema.

- **Orientación vertical**: Es la más común y se refiere a las torres que se colocan de pie. Dentro de esta categoría, encontramos torres completas (full tower), semitorres (mid tower) y minitorres. La orientación vertical favorece el flujo de aire ascendente, aprovechando el calor natural que sube, y suele ofrecer más espacio para componentes adicionales y sistemas de refrigeración avanzados.

- **Orientación horizontal**: También conocida como formato de escritorio o "desktop", donde la caja se coloca acostada. Este diseño es común en sistemas HTPC (Home Theater PC) y en entornos donde el espacio vertical es limitado, como bajo un monitor o en un mueble de televisión. Aunque suelen ser más compactas, las cajas horizontales pueden limitar el tamaño de los componentes internos y la eficiencia de la refrigeración.

9.1.3. Factores de forma existentes en el mercado

El factor de forma de una caja determina el tamaño y la compatibilidad con los componentes internos, especialmente con la placa base. Los factores de forma más comunes son:

- **ATX (Advanced Technology eXtended)**: Es el estándar más utilizado y ofrece un equilibrio entre tamaño y funcionalidad. Las cajas ATX soportan placas base de tamaño completo y permiten una amplia expansión.
- **Micro-ATX**: Más pequeña que el ATX estándar, esta forma es ideal para sistemas compactos que no requieren tantas ranuras de expansión. Las cajas Micro-ATX son populares para ordenadores de oficina y sistemas domésticos.
- **Mini-ITX**: Es uno de los factores de forma más pequeños disponibles. Las cajas Mini-ITX son perfectas para sistemas ultra compactos, como HTPCs o equipos de bajo consumo. Sin embargo, limitan la expansión y suelen requerir componentes específicos de menor tamaño.
- **E-ATX (Extended ATX)**: Más grande que el ATX estándar, el E-ATX se utiliza en estaciones de trabajo y sistemas de alto rendimiento que necesitan más ranuras de expansión y espacio para componentes adicionales, como configuraciones multi-GPU.

9.1.4. Características básicas

Al seleccionar una caja para ordenador, es esencial considerar varias características que afectarán al rendimiento y funcionalidad del sistema:

- **Compatibilidad**: Asegurarse de que la caja es compatible con el factor de forma de la placa base y otros componentes es crucial. Verificar el espacio disponible para tarjetas gráficas de gran tamaño, disipadores de CPU altos y sistemas de refrigeración líquida.

- **Gestión de cables**: Una buena gestión de cables mejora el flujo de aire y facilita el mantenimiento. Las cajas con orificios estratégicos, canales y espacio detrás de la bandeja de la placa base permiten organizar los cables de manera ordenada.

- **Calidad de construcción**: Materiales robustos y un buen acabado prolongan la vida útil de la caja y protegen mejor los componentes internos. Las cajas de acero y aluminio suelen ser más duraderas que las de plástico.

- **Puertos de E/S frontales**: La accesibilidad a puertos USB, conectores de audio y lectores de tarjetas en la parte frontal o superior de la caja mejora la usabilidad diaria.

- **Opciones de refrigeración**: La posibilidad de instalar múltiples ventiladores y radiadores de refrigeración líquida es importante para mantener temperaturas óptimas, especialmente en sistemas de alto rendimiento.

9.1.5. Exterior de la caja

El exterior de la caja no solo influye en la estética sino también en aspectos prácticos:

- **Diseño y estética**: Desde diseños minimalistas hasta estilos más agresivos con iluminación RGB y paneles de vidrio templado. La elección dependerá del gusto personal y del entorno donde se ubicará el ordenador.

- **Accesibilidad**: Puertos y botones de fácil acceso mejoran la experiencia del usuario. Botones de encendido y reinicio bien ubicados, puertos USB y conectores de audio frontales son características deseables.

- **Ventilación y filtros**: Rejillas y aberturas en puntos estratégicos permiten una mejor entrada y salida de aire. Los filtros antipolvo son esenciales para mantener el interior limpio y facilitar el mantenimiento.
- **Conectividad y expansión**: Algunas cajas incluyen paneles de control para ventiladores, puertos adicionales o incluso estaciones de carga inalámbrica.

9.1.6. Interior de la caja

El interior de la caja es clave para el montaje y rendimiento del sistema:

- **Distribución interna**: Un diseño interno bien pensado facilita la instalación de componentes y mejora el flujo de aire. Espacios dedicados para discos duros, SSDs y fuentes de alimentación contribuyen a un montaje más limpio.
- **Compatibilidad con refrigeración**: Soportes y espacio suficiente para instalar disipadores de CPU grandes o sistemas de refrigeración líquida, incluyendo radiadores de 240mm, 280mm o incluso 360mm.
- **Ranuras de expansión**: La cantidad y tipo de ranuras PCIe disponibles determinarán la capacidad de instalar tarjetas gráficas, tarjetas de sonido u otras tarjetas de expansión.
- **Bahías para unidades**: La disponibilidad de bahías de 2.5" y 3.5" para unidades de almacenamiento permite configurar el sistema según las necesidades de espacio y rendimiento.

9.2. La refrigeración

La refrigeración es un aspecto crítico en cualquier sistema informático. Un control adecuado de las temperaturas internas asegura que los componentes funcionen de manera eficiente y prolonga su vida útil. El calor excesivo puede causar inestabilidad, reducir el rendimiento y dañar permanentemente los componentes.

9.2.1. Objetivo de la refrigeración de un sistema

El objetivo principal de la refrigeración es disipar el calor generado por los componentes electrónicos. Los procesadores, tarjetas gráficas y otros componentes generan calor como resultado de su funcionamiento. Si este calor no se elimina adecuadamente, puede provocar:

- **Sobrecalentamiento**: Temperaturas que exceden las especificaciones de funcionamiento seguro, lo que puede causar fallos del sistema.

- **Reducción del rendimiento**: Muchos componentes reducen automáticamente su velocidad (throttling) para disminuir el calor, afectando el rendimiento.

- **Daño físico**: El calor excesivo puede dañar permanentemente los componentes, reduciendo su vida útil.

9.2.2. Refrigeración básica de un sistema

La refrigeración básica de un sistema suele incluir los siguientes elementos:

- **Disipador de CPU con ventilador**: Esencial para extraer el calor del procesador. Los disipadores estándar suelen ser suficientes para usos normales.
- **Ventiladores de caja**: Ayudan a mover el aire caliente fuera de la caja y a introducir aire fresco. Una configuración básica incluye un ventilador frontal de entrada y uno trasero de salida.
- **Pasta térmica**: Aplicada entre el procesador y el disipador, mejora la transferencia de calor.
- **Flujo de aire adecuado**: Una disposición interna que permite que el aire circule sin obstrucciones es fundamental. Evitar cables sueltos y componentes mal ubicados.

9.2.3. Mejoras en la refrigeración básica de un sistema

Para sistemas que requieren un mejor control térmico, se pueden implementar las siguientes mejoras:

- **Ventiladores adicionales**: Añadir más ventiladores en las posiciones disponibles de la caja, como en la parte superior o inferior, para mejorar el flujo de aire.
- **Ventiladores de mayor calidad**: Utilizar ventiladores con mayor flujo de aire y menor ruido. Los ventiladores con rodamientos de bola o fluidodinámicos suelen ser más eficientes y duraderos.
- **Optimización del flujo de aire**: Configurar los ventiladores para crear una presión positiva o negativa

dentro de la caja, dependiendo de las necesidades. La presión positiva ayuda a reducir la entrada de polvo.

- **Mejor pasta térmica**: Utilizar compuestos térmicos de alta calidad puede mejorar la transferencia de calor entre el procesador y el disipador.

- **Disipadores mejorados**: Reemplazar el disipador de stock del CPU por uno de mayor rendimiento, con más superficie de disipación y ventiladores más eficientes.

9.2.4. Sistemas avanzados de refrigeración de un sistema

Para sistemas de alto rendimiento, como estaciones de trabajo intensivas o equipos de gaming de última generación, puede ser necesario implementar sistemas de refrigeración avanzados:

- **Refrigeración líquida**:

  - **Sistemas All-in-One (AIO)**: Son kits de refrigeración líquida preensamblados que incluyen una bomba, un bloque de agua para el CPU y un radiador con ventiladores. Son fáciles de instalar y ofrecen una mejor refrigeración que los disipadores de aire tradicionales.

  - **Sistemas personalizados**: Permiten refrigerar múltiples componentes como CPU, GPU y chipset. Requieren planificación y montaje cuidadoso, pero ofrecen el mejor rendimiento térmico.

- **Refrigeración por aire de alto rendimiento**: Disipadores de gran tamaño con múltiples heatpipes y ventiladores de alto flujo que pueden rivalizar con los sistemas AIO en eficiencia.

- **Refrigeración pasiva**: Sistemas sin ventiladores que utilizan disipadores masivos y diseños que favorecen la convección natural. Ideales para entornos donde el silencio es primordial, aunque limitados en capacidad de disipación de calor.

- **Refrigeración por inmersión**: Los componentes se sumergen en líquidos dieléctricos especiales que absorben el calor. Es una solución utilizada en entornos industriales y de servidores.

- **Tecnologías de control térmico**: Software que monitoriza y ajusta las velocidades de los ventiladores y bombas en tiempo real para optimizar la refrigeración y el ruido.

9.2.5. Conclusiones

La elección de la caja y el sistema de refrigeración es vital para garantizar el rendimiento y la longevidad de un ordenador. Una caja bien diseñada facilita el montaje, mejora el flujo de aire y ofrece espacio para futuras actualizaciones. La refrigeración adecuada, ya sea básica o avanzada, es esencial para mantener los componentes funcionando dentro de sus rangos de temperatura óptimos.

Es importante evaluar las necesidades específicas del sistema y considerar factores como el uso previsto, el entorno operativo y el presupuesto. Un usuario que realiza tareas básicas puede conformarse con una refrigeración estándar, mientras que un entusiasta del gaming o un profesional que ejecuta aplicaciones intensivas debe invertir en soluciones de refrigeración más eficientes.

Además, el mantenimiento regular, como la limpieza de filtros y ventiladores, y la verificación de las temperaturas operativas, ayuda a prevenir problemas y a mantener el sistema funcionando de manera óptima. En última instancia, una buena planificación y cuidado en la elección de la caja y la refrigeración resultarán en un ordenador que ofrece un rendimiento confiable y duradero.

9.3. Principios eléctricos y electrónicos

La electricidad y la electrónica son pilares fundamentales en el mundo moderno, siendo esenciales en prácticamente todos los dispositivos y sistemas que utilizamos a diario. Comprender los principios básicos de la electricidad y los componentes electrónicos es crucial para cualquier profesional en el campo de la informática y la tecnología.

9.3.1. Conceptos básicos de electricidad

La electricidad es una forma de energía resultante del movimiento de cargas eléctricas. Los conceptos básicos incluyen la corriente eléctrica, la diferencia de potencial (voltaje), la resistencia y el circuito eléctrico.

Corriente continua y diferencia de potencial

La **corriente continua (CC)** es un flujo unidireccional de carga eléctrica, donde los electrones se mueven en una sola dirección a través de un conductor. Se representa comúnmente en baterías y pilas. La **diferencia de potencial** o voltaje es la fuerza que impulsa a los electrones a moverse en un circuito. Se mide en voltios (V) y es esencial para que la corriente eléctrica pueda fluir.

Intensidad de corriente

La **intensidad de corriente** es la cantidad de carga eléctrica que pasa por un punto del circuito en un segundo. Se mide en amperios (A) y representa el flujo de electrones. Una mayor intensidad significa más electrones moviéndose a través del circuito.

Resistencia eléctrica

La **resistencia eléctrica** es la oposición que ofrece un material al paso de la corriente eléctrica. Se mide en ohmios (Ω). Los materiales con alta resistencia dificultan el flujo de electrones, mientras que los conductores tienen baja resistencia.

Circuito electrónico

Un **circuito electrónico** es una ruta cerrada que permite el flujo de corriente eléctrica. Los circuitos pueden ser simples, con componentes básicos como resistencias y condensadores, o complejos, como los encontrados en dispositivos electrónicos avanzados.

Ley de Ohm

La **Ley de Ohm** es fundamental en el estudio de la electricidad y establece la relación entre voltaje (V), corriente (I) y resistencia (R):

$$V = I \times RV$$

Esta ley permite calcular cualquiera de las tres variables si se conocen las otras dos, siendo esencial para el diseño y análisis de circuitos eléctricos.

Corriente continua y corriente alterna

Además de la corriente continua, existe la **corriente alterna (CA)**, donde la dirección del flujo de electrones cambia periódicamente. La CA es utilizada en la distribución eléctrica doméstica e industrial debido a su facilidad para transformarse a diferentes niveles de voltaje.

Pilas y baterías

Las **pilas y baterías** son dispositivos que almacenan energía química y la convierten en energía eléctrica a través de reacciones electroquímicas. Proporcionan corriente continua y son esenciales para dispositivos portátiles como teléfonos móviles y ordenadores portátiles.

Interruptores

Los **interruptores** son dispositivos que permiten abrir o cerrar un circuito eléctrico, controlando así el flujo de corriente. Son componentes básicos en cualquier sistema eléctrico, permitiendo el encendido y apagado de dispositivos.

Pulsadores

Los **pulsadores** son similares a los interruptores, pero su acción es momentánea. Al presionar el pulsador, el circuito se cierra temporalmente, y al soltarlo, vuelve a abrirse. Se utilizan en timbres, teclados y otros dispositivos de control momentáneo.

9.3.2. Componentes electrónicos

Los componentes electrónicos son elementos fundamentales en los circuitos, permitiendo controlar y manipular el flujo de corriente para realizar funciones específicas.

Resistencias

Las **resistencias** limitan el flujo de corriente en un circuito. Se utilizan para proteger componentes sensibles y ajustar niveles de señal. Las resistencias vienen en diversos valores y tolerancias, identificables mediante un código de colores.

Condensadores

Los **condensadores** almacenan energía eléctrica en forma de campo eléctrico. Pueden liberar esta energía rápidamente, lo que los hace útiles para filtrar señales, estabilizar voltajes y en circuitos temporizadores.

Diodos

Los **diodos** permiten el paso de corriente en una sola dirección. Son esenciales para rectificar corriente alterna en corriente continua y proteger circuitos contra inversiones de polaridad.

Transistores

Los **transistores** son dispositivos semiconductores que pueden amplificar señales o actuar como interruptores electrónicos. Son la base de la electrónica moderna, utilizados en amplificadores, reguladores de voltaje y lógica digital.

LEDs

Los **LEDs (Light Emitting Diodes)** son diodos que emiten luz cuando pasa corriente a través de ellos. Son eficientes energéticamente y se utilizan en indicadores luminosos, pantallas y sistemas de iluminación.

9.3.3. Herramientas de medida

Las herramientas de medida son esenciales para diagnosticar y analizar circuitos eléctricos y electrónicos.

Voltímetro

El **voltímetro** mide la diferencia de potencial entre dos puntos de un circuito. Es fundamental para verificar voltajes de alimentación y detectar caídas de tensión.

Amperímetro

El **amperímetro** mide la intensidad de corriente que fluye por un circuito. Se conecta en serie con el circuito y es útil para verificar el consumo de corriente de los componentes.

Óhmetro

El **óhmetro** mide la resistencia eléctrica entre dos puntos. Ayuda a identificar resistencias desconocidas y a detectar cortocircuitos o circuitos abiertos.

Multímetro

El **multímetro** es una herramienta versátil que combina voltímetro, amperímetro y óhmetro en un solo dispositivo. Es indispensable para cualquier técnico o ingeniero en electrónica.

Osciloscopio

El **osciloscopio** permite visualizar señales eléctricas en función del tiempo. Es esencial para analizar formas de onda, frecuencias y detectar anomalías en señales complejas.

9.4. La fuente de alimentación

La **fuente de alimentación** (FA) es un componente clave en cualquier sistema electrónico, encargado de transformar la corriente alterna de la red eléctrica en corriente continua utilizable por los componentes electrónicos. Deben proporcionar voltajes estables y filtrados para garantizar el correcto funcionamiento del sistema.

9.4.1. Potencia

La **potencia** de una fuente de alimentación, medida en vatios (W), indica la cantidad total de energía que puede suministrar. Es crucial elegir una fuente con suficiente potencia para cubrir el consumo de todos los componentes, incluyendo procesadores, tarjetas gráficas y dispositivos periféricos.

9.4.2. Factores de forma existentes

Los **factores de forma** determinan el tamaño y compatibilidad de la fuente con la caja y otros componentes. Los más comunes son:

- **ATX**: Estándar para la mayoría de ordenadores de escritorio.
- **SFX**: Más pequeño, utilizado en sistemas compactos.
- **TFX y Flex ATX**: Para equipos aún más compactos o específicos.

9.4.3. Conectores

Los conectores son esenciales para suministrar energía a los diferentes componentes:

- **Conector ATX de 24 pines**: Alimenta la placa base.
- **Conector EPS de 4/8 pines**: Para el procesador.
- **PCIe de 6/8 pines**: Para tarjetas gráficas de alta potencia.
- **SATA**: Para discos duros y unidades ópticas.
- **Molex de 4 pines**: Para ventiladores y dispositivos más antiguos.

9.4.4. Recomendaciones a la hora de comprar una fuente de alimentación

Al elegir una fuente de alimentación, considerar:

- **Potencia adecuada**: Basada en el consumo total estimado.
- **Eficiencia energética**: Certificaciones como 80 PLUS indican mayor eficiencia y menor consumo.

- **Calidad y marca**: Optar por fabricantes reconocidos para garantizar fiabilidad.
- **Modularidad**: Las fuentes modulares permiten conectar solo los cables necesarios, mejorando la gestión y flujo de aire.

9.5. Sistemas de alimentación ininterrumpida (SAI)

Los **SAI** o **UPS** (Uninterruptible Power Supply) son dispositivos que proporcionan energía de respaldo en caso de fallos en el suministro eléctrico, protegiendo equipos sensibles y evitando pérdidas de datos.

9.5.1. Tipos de SAI en el mercado actual

- **SAI Off-line**: Proporcionan energía de respaldo solo cuando detectan una interrupción. Son más económicos pero ofrecen menos protección.
- **SAI Line-Interactive**: Regulan el voltaje y proporcionan respaldo inmediato. Son adecuados para pequeñas oficinas y equipos críticos.
- **SAI On-line**: Ofrecen la mayor protección, suministrando energía constantemente a través de su inversor. Ideales para servidores y equipos esenciales.

9.5.2. Características básicas

- **Capacidad**: Medida en voltio-amperios (VA), indica cuánto equipo puede soportar.
- **Autonomía**: Tiempo que puede alimentar los dispositivos durante un corte.
- **Protección contra sobretensiones**: Protege contra picos de voltaje.
- **Software de gestión**: Permite monitorizar y realizar apagados controlados.

9.5.3. Recomendaciones a seguir al seleccionar un SAI

- **Calcular la carga total**: Sumar el consumo de todos los dispositivos conectados.
- **Elegir un SAI con capacidad superior**: Un 20-30% más de lo necesario para margen de seguridad.
- **Considerar la autonomía necesaria**: Basada en el tiempo requerido para guardar datos y apagar sistemas.
- **Verificar compatibilidad y conexiones**: Asegurarse de que el SAI tiene suficientes tomas y tipos de conectores.

Capítulo 10.

Periféricos y tarjetas controladores

10.1. Periféricos de entrada

Los periféricos de entrada son dispositivos que permiten al usuario introducir datos y comandos en el ordenador, facilitando la interacción con el sistema.

10.1.1. Teclado

El teclado es uno de los periféricos más utilizados. Permite la entrada de texto, números y comandos mediante una disposición de teclas alfanuméricas y funcionales. Existen diversos tipos de teclados:

- **Mecánicos**: Ofrecen mayor precisión y durabilidad, con una respuesta táctil y audible.
- **De membrana**: Son más silenciosos y económicos, ideales para uso general.
- **Ergonómicos**: Diseñados para reducir la fatiga y prevenir lesiones por movimientos repetitivos.

10.1.2. Ratón

El ratón es un dispositivo apuntador que detecta el movimiento en una superficie plana y lo traduce en movimientos del cursor en la pantalla. Facilita la navegación por interfaces gráficas y la ejecución de comandos. Los ratones pueden ser:

- **Ópticos**: Utilizan luz LED para detectar el movimiento.
- **Láser**: Más precisos, adecuados para tareas que requieren alta sensibilidad.
- **Inalámbricos**: Ofrecen mayor libertad de movimiento al eliminar cables.

10.1.3. Escáner

El escáner convierte documentos y fotografías físicas en imágenes digitales. Utiliza sensores ópticos para capturar la información y almacenarla en el ordenador. Los tipos de escáner incluyen:

- **Planos**: Para documentos y fotos individuales.
- **De alimentación**: Permiten escanear múltiples páginas automáticamente.
- **Portátiles**: Compactos y fáciles de transportar.

10.1.4. Lector de código de barras

Este dispositivo lee y traduce los códigos de barras presentes en productos. Utiliza un láser o una cámara para capturar la información, que luego se procesa en el ordenador. Es esencial en tiendas, almacenes y logística para gestión de inventario y ventas.

10.1.5. Tableta digitalizadora

La tableta digitalizadora permite dibujar y escribir a mano alzada en una superficie sensible al tacto, transfiriendo los trazos al ordenador. Es muy utilizada por diseñadores gráficos, ilustradores y artistas digitales por su precisión y naturalidad.

10.2. Periféricos de salida

Los periféricos de salida muestran o transmiten la información procesada por el ordenador al usuario o a otro dispositivo.

10.2.1. Impresoras

Las impresoras transfieren texto e imágenes digitales a medios físicos como papel o materiales tridimensionales.

Matriciales

Utilizan una matriz de agujas que golpean una cinta entintada para formar caracteres en el papel. Son duraderas y económicas en consumibles, ideales para imprimir formularios continuos y documentos en papel multicopia.

Inyección de tinta

Expulsan pequeñas gotas de tinta sobre el papel para crear imágenes y texto. Son populares en hogares y pequeñas oficinas por su buena calidad de impresión y capacidad para imprimir en color.

Láser

Utilizan un rayo láser para producir imágenes de alta calidad y velocidad. Son eficientes para grandes volúmenes de impresión y ofrecen un coste por página más bajo en comparación con las de inyección de tinta.

3D

Las impresoras 3D crean objetos físicos a partir de modelos digitales, depositando material capa por capa. Son revolucionarias en prototipado rápido, fabricación y educación.

Plotter

Los plotters son impresoras de gran formato que dibujan imágenes vectoriales con alta precisión. Se utilizan en arquitectura, ingeniería y diseño gráfico para imprimir planos y gráficos detallados.

10.2.2. Monitores

El monitor es el principal dispositivo de salida visual, mostrando información gráfica y textual. Las tecnologías más comunes son:

- **LCD (Liquid Crystal Display)**: Pantallas planas con bajo consumo de energía.
- **LED (Light Emitting Diode)**: Variante de LCD con retroiluminación LED, ofreciendo mejor contraste y eficiencia energética.
- **OLED (Organic LED)**: Pantallas con colores más vibrantes y negros profundos.

10.2.3. Marco digital

Un marco digital muestra fotografías digitales en forma de presentación de diapositivas. Algunos modelos permiten reproducir vídeo y música, y conectarse a internet para actualizar el contenido.

10.2.4. Altavoces

Los altavoces reproducen sonido, convirtiendo señales eléctricas en ondas sonoras. Pueden ser estéreo, sistemas 2.1, 5.1 o 7.1 para experiencias de audio envolvente, utilizados en música, cine y videojuegos.

10.3. Periféricos de entrada/salida

Estos dispositivos permiten tanto la entrada como la salida de datos, facilitando una interacción bidireccional con el ordenador.

10.3.1. Monitor táctil

Un monitor táctil combina las funciones de pantalla y dispositivo de entrada. Permite al usuario interactuar directamente con los elementos en pantalla mediante toques o gestos, eliminando la necesidad de ratón o teclado para ciertas tareas. Es común en quioscos de información, dispositivos móviles y sistemas de punto de venta.

10.4. Tarjetas controladoras

Las tarjetas controladoras expanden las capacidades del ordenador, permitiendo conectar y gestionar dispositivos adicionales. Se insertan en las ranuras de expansión de la placa base.

10.4.1. Tarjetas de red

Permiten la conexión del ordenador a una red local o a internet. Pueden ser:

- **Ethernet**: Para conexiones cableadas, ofreciendo alta velocidad y estabilidad.
- **Wi-Fi**: Proporcionan conectividad inalámbrica, permitiendo movilidad y reducción de cables.

10.4.2. Tarjetas capturadoras de vídeo

Estas tarjetas permiten la entrada de señales de vídeo desde fuentes externas, como cámaras o consolas de videojuegos. Son utilizadas para:

- **Grabación**: Capturar vídeo para edición o archivado.
- **Streaming**: Transmitir contenido en vivo a través de internet.
- **Monitorización**: En sistemas de seguridad y vigilancia.

10.4.3. Tarjetas SATA-RAID

Gestionan conexiones de dispositivos de almacenamiento SATA y permiten configurar arreglos RAID para:

- **Mejorar el rendimiento**: A través de la distribución de datos entre varios discos.
- **Aumentar la seguridad**: Mediante la redundancia, protegiendo contra fallos de disco.

`10.4.4.` Otras tarjetas controladoras

- **Tarjetas de sonido**: Mejoran la calidad de audio y añaden capacidades avanzadas como sonido envolvente y entradas/salidas profesionales.
- **Tarjetas USB y FireWire**: Añaden puertos adicionales para conectar más periféricos.
- **Tarjetas de expansión M.2 y PCIe**: Permiten instalar unidades de estado sólido de alta velocidad y otros dispositivos avanzados.

`10.5.` Drivers

Los drivers son programas que permiten al sistema operativo comunicarse con el hardware. Actúan como intermediarios, traduciendo las instrucciones del sistema en acciones que el dispositivo puede entender.

- **Importancia**: Sin los drivers adecuados, el hardware no funcionará correctamente o no será reconocido por el sistema.
- **Actualizaciones**: Mantener los drivers actualizados es crucial para:
  - **Compatibilidad**: Asegurar que el dispositivo funciona con las últimas versiones del sistema operativo.
  - **Rendimiento**: Mejorar la eficiencia y velocidad del dispositivo.
  - **Seguridad**: Corregir vulnerabilidades que puedan ser explotadas.

Cómo gestionar los drivers:

• **Instalación:** Generalmente, al conectar un nuevo dispositivo, el sistema operativo intentará instalar un driver automáticamente.

• **Herramientas del fabricante:** Muchos fabricantes ofrecen software que facilita la actualización y gestión de drivers.

• **Gestor de dispositivos:** En sistemas Windows, permite ver y actualizar los drivers de todos los dispositivos instalados.

Capítulo 11.

Montaje de un ordenador. Prevención de riesgos

II.I. Material necesario y consejos fundamentales

Montar un ordenador desde cero es una tarea que, además de emocionante, permite personalizar el equipo según las necesidades específicas del usuario. Sin embargo, es fundamental seguir una serie de pasos y tomar precauciones para garantizar un montaje exitoso y seguro, tanto para el hardware como para el técnico.

Antes de comenzar con el montaje, es esencial reunir todo el material y herramientas necesarias:

- **Componentes del ordenador**: Placa base, microprocesador, memoria RAM, tarjeta gráfica (si no está integrada), disco duro o SSD, fuente de alimentación, unidad óptica (opcional), caja o chasis, cables y ventiladores adicionales si son necesarios.

- **Herramientas**:
  - **Destornilladores**: Principalmente de punta Phillips (cruz) en diferentes tamaños.
  - **Pulsera antiestática**: Para evitar descargas electrostáticas que puedan dañar los componentes.
  - **Pinzas**: Útiles para manipular pequeños tornillos o componentes.
  - **Bridas o cintas**: Para organizar y sujetar los cables.

- **Otros materiales**:
  - **Pasta térmica**: Para aplicar entre el microprocesador y el disipador.
  - **Manual de la placa base y otros componentes**: Facilitarán el proceso de montaje y conexión.

Consejos fundamentales:
- **Espacio de trabajo limpio y ordenado**: Trabajar en una superficie amplia, libre de polvo y con buena iluminación.
- **Organización**: Colocar los componentes y herramientas de manera accesible y ordenada.
- **Leer los manuales**: Cada componente puede tener especificaciones o requerimientos particulares.
- **Precaución con la electricidad estática**: Utilizar una pulsera antiestática y evitar trabajar en superficies que generen estática.

11.2. Secuencia de montaje

Seguir una secuencia lógica facilita el proceso y reduce el riesgo de errores o daños a los componentes.

11.2.1. Montaje del microprocesador

- **Preparación**: Colocar la placa base sobre una superficie plana y antiestática.
- **Identificación del zócalo**: Localizar el socket de la CPU en la placa base.
- **Instalación**:
  - Levantar la palanca o mecanismo de retención del socket.
  - Alinear las marcas o muescas del microprocesador con las del socket.
  - Colocar suavemente el microprocesador sin forzarlo.

- Cerrar el mecanismo de retención para asegurar la CPU.

II.2.2. Montaje de la memoria RAM

- **Identificación de los slots**: Ubicar las ranuras de memoria en la placa base.
- **Instalación**:
  - Abrir las pestañas de los slots.
  - Alinear la muesca del módulo RAM con la del slot.
  - Insertar el módulo firmemente hasta que las pestañas cierren automáticamente.

II.2.3. Preparación de la caja del PC

- **Retirar paneles laterales**: Para facilitar el acceso al interior.
- **Instalar la fuente de alimentación**: Si no viene pre-instalada.
- **Colocar separadores**: Tornillos o soportes que mantienen la placa base separada del chasis, evitando cortocircuitos.

II.2.4. Montaje de la placa base

- **Instalación**:
  - Alinear la placa base con los separadores y los puertos traseros con la placa de E/S.
  - Atornillar la placa base firmemente, sin exceder la fuerza para evitar daños.

II.2.5. Montaje de los dispositivos de almacenamiento

Montaje del disco duro

- **Ubicación**: Colocar el disco duro en la bahía correspondiente.
- **Fijación**: Atornillar o asegurar según el sistema de montaje de la caja.
- **Conexión**:
  - Conectar el cable de datos SATA al disco y a la placa base.
  - Conectar el cable de alimentación desde la fuente de alimentación.

Montaje de las unidades ópticas (DVD)

- **Ubicación**: Insertar la unidad óptica en la bahía frontal.
- **Fijación**: Asegurarla con tornillos o sistema de montaje sin herramientas.
- **Conexión**:
  - Conectar el cable de datos SATA.
  - Conectar el cable de alimentación.

II.2.6. Cableado adicional y tarjetas

- **Tarjeta gráfica** (si es independiente):
  - Insertar en la ranura PCIe correspondiente.
  - Asegurarla al chasis con tornillos.
  - Conectar cables de alimentación adicionales si es necesario.
- **Cableado del panel frontal**:

- Conectar cables de botones de encendido, reinicio, LED y puertos USB/audio siguiendo las indicaciones del manual de la placa base.
- **Ventiladores adicionales:**
  - Instalar en las posiciones adecuadas para optimizar el flujo de aire.
  - Conectar a los puertos correspondientes en la placa base o a la fuente de alimentación.

II.2.7. Informe de montaje

- **Documentación:**
  - Anotar los componentes instalados y sus especificaciones.
  - Registrar el proceso y cualquier incidencia.
- **Verificación:**
  - Comprobar que todas las conexiones están correctas.
  - Revisar que no queden cables sueltos o elementos que puedan causar cortocircuitos.

II.2.8. Diferencias con el ordenador portátil

- **Espacio reducido:** Los portátiles tienen componentes más compactos y específicos.
- **Accesibilidad:** Es más complicado acceder y reemplazar piezas.
- **Integración de componentes:** Muchos elementos, como la CPU o la RAM, pueden estar soldados a la placa base.

- **Requiere herramientas especializadas**: Tornillos más pequeños y piezas delicadas.

11.3. Precauciones y advertencias de seguridad

La seguridad es primordial durante el montaje para proteger al técnico y a los componentes.

11.3.1. Identificación de riesgos

- **Descargas electrostáticas**: Pueden dañar componentes sensibles.
- **Cortes o pinchazos**: Bordes afilados en el chasis o herramientas.
- **Sobreesfuerzos**: Levantar cargas pesadas o adoptar posturas inadecuadas.
- **Riesgo eléctrico**: Conexión a fuentes de energía sin las debidas precauciones.

11.3.2. Determinación de las medidas de prevención de riesgos

- **Utilizar pulseras y alfombrillas antiestáticas.**
- **Manipular los componentes por los bordes**, evitando tocar los circuitos.
- **Desconectar la fuente de alimentación** y evitar conectar componentes con el equipo energizado.
- **Mantener el área de trabajo ordenada** para evitar tropiezos o accidentes.

II.3.3. Equipos de protección

- **Ropa adecuada**: Evitar prendas sintéticas que generen estática.
- **Guantes antideslizantes**: Protegen las manos y mejoran el agarre.
- **Gafas de seguridad**: En caso de manipular componentes que puedan desprender partículas.
- **Calzado apropiado**: Antideslizante y, preferiblemente, con suela aislante.

II.3.4. Normativa de prevención de riesgos laborales

- **Ley 31/1995, de 8 de noviembre, de Prevención de Riesgos Laborales**: Establece las obligaciones de empleadores y trabajadores para garantizar la seguridad en el trabajo.
- **Formación e información**: Los trabajadores deben recibir formación adecuada sobre los riesgos y las medidas de prevención.
- **Evaluación de riesgos**: Identificar y evaluar los riesgos asociados a las tareas para implementar medidas correctivas.

II.3.5. Normativa de protección ambiental

- **Gestión de residuos electrónicos**: Seguir la normativa sobre residuos de aparatos eléctricos y electrónicos (RAEE).

- **Reciclaje de componentes**: Disponer adecuadamente de embalajes, componentes obsoletos o dañados.

- **Uso eficiente de recursos**: Reducir el consumo de materiales y energía durante el montaje.

Capítulo 12.

Mantenimiento. Chequeo y diagnóstico

12.1. Introducción

En un mundo cada vez más dependiente de la tecnología, el funcionamiento eficiente de los ordenadores es crucial. El mantenimiento regular y adecuado previene fallos, mejora el rendimiento y reduce costos a largo plazo. Esta unidad aborda los conceptos clave del mantenimiento, las técnicas de chequeo y diagnóstico, y cómo gestionar las averías de manera efectiva.

12.2. Mantenimiento preventivo

El mantenimiento preventivo se enfoca en acciones programadas para prevenir fallos y prolongar la vida útil de los componentes. Incluye:

- **Limpieza física**: Eliminación de polvo y suciedad que pueden causar sobrecalentamiento o cortocircuitos.
- **Actualizaciones de software**: Mantener el sistema operativo y los programas al día para corregir vulnerabilidades y mejorar el rendimiento.
- **Verificación de hardware**: Comprobar el estado de los componentes, como discos duros y memoria RAM, para detectar signos de desgaste o fallo inminente.
- **Gestión de backups**: Realizar copias de seguridad periódicas para proteger los datos ante posibles fallos.

El mantenimiento preventivo reduce la probabilidad de averías inesperadas y garantiza que el sistema funcione de manera eficiente.

12.3. Mantenimiento correctivo

El mantenimiento correctivo se realiza cuando ocurre una avería o problema en el sistema. Implica identificar, diagnosticar y solucionar el fallo para restaurar el funcionamiento normal.

12.3.1. Proceso de arranque de un ordenador

Comprender el proceso de arranque es fundamental para diagnosticar problemas:

1. **POST (Power-On Self-Test)**: Al encender, el sistema realiza una serie de pruebas para verificar el hardware básico.

2. **BIOS/UEFI**: Inicia y configura el hardware, y busca un dispositivo de arranque.

3. **Carga del sistema operativo**: El gestor de arranque carga el sistema operativo en la memoria RAM.

4. **Inicio de servicios y aplicaciones**: El sistema operativo inicia los servicios esenciales y aplicaciones de inicio.

Problemas en cualquiera de estos pasos pueden impedir que el ordenador arranque correctamente.

12.3.2. **Organigrama para la localización de averías**

Un organigrama es una herramienta visual que ayuda a seguir un proceso lógico para identificar averías. Pasos típicos incluyen:

- **Identificación del síntoma**: Determinar qué no funciona.
- **Verificación básica**: Comprobar conexiones, alimentación y estado de indicadores LED.
- **Pruebas de componentes individuales**: Probar memoria RAM, disco duro, etc.
- **Análisis de mensajes de error**: Interpretar códigos de error o pitidos del BIOS.

12.3.3. **Software de ayuda para localizar averías**

Existen herramientas que facilitan el diagnóstico:

- **Programas de diagnóstico**: Como Hiren's BootCD o Ultimate Boot CD, que incluyen múltiples utilidades.
- **Monitorización de hardware**: Software como HW-Monitor o Speccy muestran temperaturas, voltajes y estado de componentes.
- **Herramientas del sistema operativo**: Administrador de dispositivos, registro de eventos y herramientas de solución de problemas.

12.3.4. **Averías de elementos internos**

Los componentes internos son críticos y sus fallos pueden ser más complejos de diagnosticar.

Fuente de alimentación

- **Síntomas**: El ordenador no enciende, reinicios aleatorios, olor a quemado.
- **Diagnóstico**:
  - Comprobar el cable de alimentación y el interruptor.
  - Utilizar un tester de fuentes o multímetro para medir voltajes.
- **Solución**: Reemplazar la fuente si no proporciona los voltajes adecuados.

Placa base y procesador

- **Síntomas**: El sistema no arranca, pitidos del BIOS, congelamientos.
- **Diagnóstico**:
  - Revisar visualmente la placa en busca de condensadores hinchados o componentes dañados.
  - Probar con otra CPU compatible.
- **Solución**: Reparar o reemplazar la placa base o el procesador según corresponda.

Memoria RAM

- **Síntomas**: Pantallas azules, reinicios, fallos al cargar el sistema operativo.
- **Diagnóstico**:
  - Utilizar herramientas como MemTest86 para comprobar la integridad de la RAM.
  - Probar los módulos individualmente.
- **Solución**: Limpiar los contactos, reinstalar o reemplazar los módulos defectuosos.

Unidades de almacenamiento

- **Síntomas**: Archivos corruptos, lentitud, sonidos inusuales.
- **Diagnóstico**:
  - Utilizar herramientas como CrystalDiskInfo para verificar el estado SMART.
  - Ejecutar utilidades de comprobación de disco.
- **Solución**: Realizar backups y reemplazar la unidad si está fallando.

Tarjetas de expansión

- **Síntomas**: Falta de funcionalidad (audio, video), errores de dispositivo.
- **Diagnóstico**:
  - Comprobar que estén correctamente instaladas.
  - Actualizar o reinstalar drivers.
- **Solución**: Reemplazar la tarjeta si está defectuosa.

Teclado y ratón

- **Síntomas**: No responden, funcionamiento errático.
- **Diagnóstico**:
  - Probar en otros puertos USB o en otro ordenador.
  - Verificar configuraciones en el sistema operativo.
- **Solución**: Reemplazar si están dañados.

12.3.5. Averías de periféricos

Los periféricos son dispositivos externos que también pueden presentar fallos.

Monitor

- **Síntomas**: Pantalla en negro, distorsiones, colores incorrectos.
- **Diagnóstico**:
  - Verificar conexiones y cables.
  - Probar con otro monitor o equipo.
- **Solución**: Reparar o reemplazar el monitor si es necesario.

Impresoras

- **Síntomas**: No imprime, atascos de papel, errores de comunicación.
- **Diagnóstico**:
  - Revisar consumibles (tinta, tóner, papel).
  - Verificar configuraciones y drivers.
- **Solución**: Realizar mantenimiento, limpiar cabezales o reemplazar piezas.

Escáner

- **Síntomas**: Imágenes borrosas, movimientos erráticos.
- **Diagnóstico**:
  - Comprobar conexiones y software.
  - Realizar calibración o limpieza.
- **Solución**: Reparar o reemplazar si el problema persiste.

Otros

- **Altavoces**: Sin sonido, interferencias.
- **Webcams**: Imagen de baja calidad, no detectada.

- **Diagnóstico y solución**: Verificar conexiones, drivers y configuraciones.

12.3.6. Averías en portátiles. Componentes y fuentes de problemas

Los portátiles presentan desafíos particulares debido a su integración y portabilidad.

- **Problemas comunes**:
  - **Pantalla rota**: Requiere reemplazo de la pantalla.
  - **Conector de alimentación dañado**: Puede impedir la carga; requiere reparación.
  - **Sobrecalentamiento**: Acumulación de polvo en ventiladores y disipadores.
- **Diagnóstico**:
  - Utilizar software para monitorizar temperaturas.
  - Realizar limpieza interna.
- **Solución**: Mantenimiento regular, reparaciones especializadas.

12.4. Averías en el sistema operativo y software

No todos los problemas son de hardware; el software también puede fallar.

- **Síntomas**: Lentitud, errores al iniciar aplicaciones, mensajes de error.
- **Diagnóstico**:
  - Verificar actualizaciones pendientes.

- Ejecutar antivirus y antimalware.
- Utilizar herramientas de reparación del sistema.
- **Solución**:
  - Actualizar o reinstalar programas.
  - Restaurar el sistema a un punto anterior.
  - Reinstalar el sistema operativo si es necesario.

12.5. Informe de averías

Documentar las averías es esencial para:
- **Seguimiento**: Registrar qué falló y cómo se solucionó.
- **Prevención futura**: Identificar patrones o componentes problemáticos.
- **Comunicación**: Informar a clientes o superiores sobre el estado y acciones tomadas.

El informe debe incluir:
- **Descripción del problema.**
- **Pasos de diagnóstico realizados.**
- **Solución aplicada.**
- **Recomendaciones** para evitar futuros problemas.

12.6. Vías para deshacerse de los componentes cambiados

La correcta disposición de los componentes reemplazados es importante por razones legales y medioambientales.

- **Normativa RAEE**: Los residuos de aparatos eléctricos y electrónicos deben gestionarse según la legislación vigente.
- **Opciones**:
  - **Reciclaje**: Llevar los componentes a puntos de reciclaje autorizados.
  - **Reutilización**: Donar o vender componentes que aún funcionen.
  - **Destrucción segura**: Para dispositivos con datos sensibles, asegurar que se destruyen correctamente.

12.7. Conclusión

El mantenimiento, chequeo y diagnóstico son actividades fundamentales para garantizar el correcto funcionamiento de los sistemas informáticos. Un enfoque proactivo y sistemático en la identificación y resolución de averías no solo mejora la eficiencia operativa sino que también prolonga la vida útil de los equipos y protege la inversión realizada en tecnología. Además, el cumplimiento de las normativas medioambientales y de gestión de residuos contribuye a una práctica profesional responsable y sostenible.

Capítulo 13.

Tendencias

13.1. Tendencias del mercado

Las tendencias tecnológicas reflejan las necesidades y preferencias cambiantes de los consumidores, así como los avances en investigación y desarrollo.

13.1.1. Modding

El **modding** es la personalización y modificación de ordenadores para mejorar su rendimiento y estética. Esta práctica ha ganado popularidad entre entusiastas y gamers que buscan destacar y optimizar sus equipos.

- **Componentes y accesorios actuales**:
  - **Cajas con paneles de vidrio templado**: Modelos como la **Corsair iCUE 5000T RGB** o la **NZXT H710i** permiten exhibir el interior del PC.
  - **Iluminación RGB direccionable**: Kits como el **G.Skill Trident Z RGB** para memoria RAM o los ventiladores **Corsair LL120 RGB** ofrecen efectos de iluminación personalizables.
  - **Sistemas de refrigeración líquida personalizados**: Empresas como **EKWB** y **Thermaltake** proporcionan componentes para crear bucles de refrigeración únicos.
- **Tendencias**:
  - **Temáticas personalizadas**: Modders crean diseños basados en juegos, películas o conceptos artísticos.
  - **Impresión 3D**: Uso de piezas impresas en 3D para componentes únicos o soportes.

13.1.2. Microordenadores

Los **microordenadores** son dispositivos compactos y asequibles que permiten a usuarios y desarrolladores crear proyectos innovadores.

- **Modelos actuales**:
- **Raspberry Pi 4 Model B**: Ofrece hasta 8 GB de RAM, puertos USB 3.0 y soporte para doble monitor 4K.
- **Arduino Uno Rev3**: Una plataforma ideal para proyectos de electrónica y robótica.
- **NVIDIA Jetson Nano**: Diseñado para aplicaciones de inteligencia artificial y aprendizaje automático.

- **Aplicaciones**:
  - **IoT (Internet de las Cosas)**: Control de hogares inteligentes con sistemas como **Home Assistant**.
  - **Educación**: Herramientas para enseñar programación y electrónica en escuelas y universidades.
  - **Proyectos DIY**: Desde consolas retro con **RetroPie** hasta servidores caseros.

13.1.3. Smartphones

Los **smartphones** son dispositivos esenciales en nuestra vida diaria, y los modelos actuales integran tecnologías avanzadas.

- **Modelos destacados**:
  - **Apple iPhone 15 Pro Max**: Con chip **A17 Pro**, pantalla OLED Super Retina XDR y sistema de cámaras mejorado.
  - **Samsung Galaxy S23 Ultra**: Incluye el procesador **Snapdragon 8 Gen 2**, pantalla Dynamic AMOLED 2X y cámara de 200 MP.

- **Google Pixel 7 Pro**: Ofrece una experiencia pura de Android con el chip **Google Tensor G2** y capacidades fotográficas avanzadas.
- **Innovaciones recientes**:
  - **Pantallas plegables**: Dispositivos como el **Samsung Galaxy Z Fold5** y el **Huawei Mate X3** permiten expandir el tamaño de la pantalla.
  - **Conectividad 5G**: Mayor velocidad de datos y menor latencia para aplicaciones en tiempo real.
  - **Carga rápida e inalámbrica**: Tecnologías como **MagSafe** de Apple o la carga rápida de **Xiaomi** de hasta 120W.

13.1.4. Videoconsolas

El mercado de las **videoconsolas** se ha revitalizado con la llegada de nuevas generaciones y servicios.

- **Consolas actuales**:
  - **PlayStation 5**: Ofrece gráficos en 4K, trazado de rayos y el innovador mando **DualSense** con retroalimentación háptica.
  - **Xbox Series X | S**: La Series X es la consola más potente de Microsoft, mientras que la Series S ofrece una opción más asequible y compacta.
  - **Nintendo Switch OLED**: Combina juego portátil y de sobremesa con una pantalla OLED más brillante y vibrante.
- **Tendencias en gaming**:
  - **Servicios de suscripción: Xbox Game Pass** y **PlayStation Plus** ofrecen acceso a amplias bibliotecas de juegos.

- **Juegos en la nube**: Plataformas como **Xbox Cloud Gaming** permiten jugar sin necesidad de hardware potente.
- **Realidad Virtual (VR)**: El **PlayStation VR2** promete una experiencia inmersiva mejorada para la PS5.

13.1.5. Tablets

Las **tablets** han evolucionado para ser herramientas de productividad y entretenimiento más versátiles.

- **Modelos recientes**:
  - **Apple iPad Pro (2024)**: Con chip **M4**, pantalla Liquid Retina XDR y compatibilidad con **Apple Pencil 2**.
  - **Samsung Galaxy Tab S10 Ultra**: Pantalla Super AMOLED de 14.6 pulgadas, procesador **Mediatek Dimensity 9300+** y **S Pen** incluido.
  - **Microsoft Surface Pro 10**: Combina las funciones de un portátil y una tablet con Windows 11 y soporte para teclado y lápiz óptico.

- **Características destacadas**:
  - **Productividad**: Soporte para aplicaciones profesionales y multitarea avanzada.
  - **Conectividad 5G**: Acceso a internet de alta velocidad en movimiento.
  - **Experiencias multimedia**: Pantallas de alta resolución y sistemas de sonido mejorados para streaming y juegos.

13.1.6. GPS

La tecnología **GPS** sigue siendo fundamental en diversos dispositivos y aplicaciones.

- **Dispositivos actuales**:
  - **Garmin GPSMAP 67i**: Navegador portátil con funciones de comunicación satelital y mapas detallados.
  - **TomTom GO Discover**: Navegador para automóvil con actualizaciones de mapas en tiempo real y pantalla HD.
  - **Smartwatches con GPS**:
    - **Apple Watch Series 10**: Incluye GPS preciso para seguimiento de actividades y nuevas funciones de salud.
    - **Garmin Fenix 8**: Orientado a deportistas y aventureros, con mapas topográficos y duración de batería prolongada.
- **Usos y tendencias**:
  - **Fitness y salud**: Seguimiento de rutas, distancias y rendimiento deportivo.
  - **Seguridad**: Dispositivos de rastreo para vehículos, mascotas y objetos de valor.
  - **Integración con smartphones**: Aplicaciones como **Google Maps** y **Waze** ofrecen navegación detallada y alertas en tiempo real.

13.2. Conclusiones

Las tendencias actuales en tecnología reflejan una búsqueda constante de innovación, personalización y mejora de la experiencia del usuario. Los dispositivos y modelos recientes demuestran cómo la tecnología se adapta para satisfacer necesidades específicas, desde el rendimiento extremo en PCs personalizados hasta la portabilidad y funcionalidad en smartphones y tablets.

El **modding** permite a los usuarios crear equipos únicos que combinan estética y potencia, impulsando a la industria a ofrecer componentes más adaptables. Los **microordenadores** democratizan el acceso a la tecnología y fomentan la educación y la creatividad. Los **smartphones** y **tablets** integran tecnologías avanzadas que difuminan las líneas entre dispositivos, ofreciendo potencia y versatilidad en formatos portátiles.

Las **videoconsolas** siguen siendo centrales en el entretenimiento digital, adoptando nuevas formas de distribución y experiencias más inmersivas. La tecnología GPS, integrada en una variedad de dispositivos, continúa siendo esencial para navegación, seguridad y aplicaciones especializadas.

En resumen, el panorama tecnológico actual está definido por dispositivos que no solo ofrecen funciones avanzadas sino que también se integran en nuestra vida diaria de manera más natural y eficiente. Mantenerse al día con estas tendencias es esencial para aprovechar al máximo las oportunidades que la tecnología ofrece y prepararse para las innovaciones futuras que seguirán transformando nuestra sociedad.

Bibliografía y webgrafía

Libros:

HAMACHER, C., Vranesic, Z., & Zaky, S. (2012). "Computer Organization". McGraw-Hill.

PATTERSON, D. A., & Hennessy, J. L. (2013). "Computer Organization and Design: The Hardware/Software Interface". Morgan Kaufmann.

STALLINGS, W. (2012). "Computer Organization and Architecture". Pearson.

TANENBAUM, A. S., & Austin, T. (2012). "Structured Computer Organization". Pearson.

 Artículos y Revistas:

ACM Digital Library: Recursos y publicaciones sobre hardware de sistemas informáticos y nuevas tecnologías.

IEEE Computer Society: Artículos sobre las últimas investigaciones y desarrollos en hardware y arquitectura de computadoras.

 Sitios Web:

AnandTech: www.anandtech.com

Ars Technica: www.arstechnica.com

How-To Geek: www.howtogeek.com

TechRadar: www.techradar.com

Tom's Hardware: www.tomshardware.com